町中華とはなんだ

昭和の味を食べに行こう

北尾トロ・下関マグロ・竜 超
（町中華探検隊）

プロローグ

謎のワード〝町中華〟

初めて〝町中華〟という言葉を聞いたのは、二〇一四年の一月だった。ことの発端はこうだ。二〇一三年の秋頃、高円寺《こうえんじ》を散歩していたとき『大陸』という中華料理店の前を通ったらシャッターが閉まっていた。お休みかなと思い、そのときはそのまま通り過ぎたのだが、その年の暮れに再び高円寺を歩いたとき、妙に胸騒ぎがして『大陸』を見に行くと、前と同じくシャッターが閉まっていたのだけれど、明らかにお休みではなく、閉店してしまった雰囲気だった。

年が明けて、北尾トロに「高円寺の『大陸』、閉店したかもしれない」と告げると、彼はとても驚いていた。『大陸』は僕とトロの間ではよく話題に出る店だ。カツ丼が人気で、味はともかく、とにかく安かった。そのときぽつりと「ああゆうマチチュウカはどんどんなくなるね」とトロがつぶやいた。えっ、町中華？　それとも街中華？　初めて聞く言葉だった。おぼろげに意味はわかるのだが、表記はどうなのかを聞くと

「町中華」だとトロ。

いくつになっても初めて聞く言葉はある。でも、〝町中華〟はちょっと新鮮な響きだった。「キミが作った言葉なの?」と訊《き》けば、「いや、昔から使ってた普通にある言葉だよ」とのこと。驚きとともにほんまかいなと思った。

トロは学年ではひとつ上だが、生まれた年は同じ一九五八年(昭和三三年)。二〇代の頃から知っているし、その間に一緒に中華料理店へもずいぶん行ったように思うが、町中華という言葉はそれまで聞いたことがなかった。だからこそ、「町中華」は思いつきで、そのとき初めて口にしたワードではないかと思ったのだ。

そこで、ネット検索をしてみたら、たしかにわずかに「町中華」という表記は見つかった。人によっては「街中《まちなか》中華」だとか、「大衆中華」などという言い方をしている。どことなく懐かしい、個人経営の中華料理屋さんを指しているようだ。イメージはわかるが、それでもなんだかぼんやりしている。そんなことをトロに言うと、明快な答えを示してくれた。『『大陸』みたいに、中華と名乗りながらカツ丼があるのが町中華なんだよ」と。そういうことか、とその時は思った。

初めての町中華探検隊の活動

しばらくしてトロからメールがきた。高円寺の『大陸』の「今」を見たいというのだ。さらに『大陸』に似たような町中華はないか、あればおごるから一緒に行ってくれという内容だった。〝おごり〟という言葉に僕は弱い。もちろん二つ返事でＯＫした。

高円寺駅で落ち合って、『大陸』のあった場所へ出かけた。『中華料理　大陸』と書かれた看板は残っているものの、シャッターの上部にあった店名は布で覆い隠されていた。隣のお店の人に聞けば、「閉店したよ」とのこと。ああ、やっぱり閉店したのか。改めて、現実を突きつけられるとショックだね。

そこで、高円寺の町中華で食事をしようということになって、『大陸』の近くで探すことになった。とはいえ、僕はあらかじめ決めていた。以前からネットで情報を見て、行きたいと思っていた高架下の『タブチ』だ。ラーメン、カレー、牛丼などがあるお店。中華丼なんてメニューもあるので、ここは町中華でいいのではないだろうか。しかし、カツ丼がない。やはり、カツ丼がなきゃ、町中華じゃないのか。店の前でトロに聞けば、彼はニヤリとし、「カツ定食があるから大丈夫」と店に入っていく。入り口に券売機があり、トロは「カツ定食」のボタンを押した。五五〇円だ。安い。なにがいいか聞かれたので、カレーと牛丼が一緒になった〝W盛り合わせ〟をお願いした。六五〇円。

おいしく食事をしたが、なんとなく違和感を感じながら、店を出た。「駅前の喫茶店へ行こうか」とトロ。二人は高円寺の駅へ向かったのだが、途中にもっと町中華にふさわしい、まさにストライクゾーンであろうお店を発見した。赤いテントに「中華料理」が白抜き、「味楽」が金色っぽい文字になっている。そして、白地に中華料理と赤文字の暖簾《のれん》。完璧《かんぺき》な外観だ。表に書かれているメニューの中にカツ丼もあった。いやぁ、こっちだったなぁ。僕はトロに言った。

喫茶店でトロは、ぶんか社から出ている『エキサイティングマックス!』という月刊誌で『さすらいの町中華』という連載を始めるのだと言った。「だから、毎月、町中華をつきあってくれない？　もちろんおごるからさ」。そりゃ、つきあうでしょう。

「この店は町中華ですか？」

僕たちの中でなんとなく『タブチ』は町中華ではなかったねというような雰囲気があった。では、いったいなにが町中華でなにがそうでないのかをハッキリさせる必要があると思った。そこで、僕はトロと散歩するときに、中華系の飲食店を発見すると「この店は町中華ですか？」と訊き、それを動画で録画するという遊びを始めた。

「これは、町中華じゃないね、ラーメン店だね」と言われ、ほう、ラーメンやつけ麵《めん》系のメニューしかない店は町中華じゃないんだ。さらに四川《しせん》料理の店について訊けば、「これは町中華じゃないね、中国料理の店だね」と言う。なるほど、じゃこっちはどうだろう、比較的新しいお店で、経営しているのはたぶん、本場中国からきた人だ。店頭には料理の写真が多数あり、とにかく安い。そんな店を彼は「これは町中華じゃない」とは言う。こういうタイプの店のカテゴリーがないので、僕が勝手に、来日系の店をまとめて〝チャイナ〟と呼ぶことにした。（※P54参照）

そうやって歩きながら中華系の店を「これは町中華か」と訊くことをしていると、意外に町中華の比率が少ないことに気がついた。

ちなみに初期の活動の動画はユーチューブにもアップしているので、ご覧になりたい方は検索で「町中華探検隊」と入れてみてほしい。たくさん出てくるはずだ。この活動は二〇一四年の一年間続けた。つまり、町中華探検隊の初期の一年はトロと僕の二人だけだったのだ。

前述したようにごく初期の段階では、中華系のお店をここは町中華かどうかというのをトロに尋ねるという作業だったけれど、それはすぐにやめてしまった。理由は、トロの町中華の尺度があまりにもいい加減で、コロコロ変わるからだ。中華なのにカツ丼、カレーライス、オムライスという三種の神器（※P54参照）がなければ、町中華じゃないと言い出したと思ったら、それはなくてもいい、むしろ定食があれば町中華だということもあった。また、どう見ても立派な町中華の店構えなんだけれど、この店は町中華ではないと言う、理由を尋ねると、「駅から遠いから」と言う。えーって思った。住宅街なんかにあるのは町中華にしてもいいんじゃないのか、と思った。

ただ、こうしたトロの町中華観のゆらぎ、いい加減さこそが、町中華の本質なのだとのちに気づかされることになる。この僕も、かつて町中華じゃないと思っていた『タブチ』を今では町中華ではないかとゆらいでいる。その〝ゆらぎ〟がまた楽しい。というわけで、本書は町中華とはなにか、そして、どう遊べば町中華は楽しいかを考えてみる一冊だ。

下関マグロ

【振り返って一言】 いま思えば『タブチ』も町中華だ。ただ、ここにも書いた高円寺駅により近い場所にあった『味楽』には未練が残り、単行本が出た後でトロを誘って、店に行った。カツ丼が五〇〇円、丼《どんぶり》を持つとずっしり重い。ああ、この感覚こそが町中華だと思って食べた。ふとトロと二人だけで町中華をめぐっていた二〇一四年を思い出した。やはり、町中華でカツ丼を食べるというのがこの活動の醍醐味《だいごみ》のような気がする。いっしょに出てくる味噌汁《みそしる》もいい。中華だけど味噌汁がつくのが町中華だね。

プロフィール

町中華探検隊（まちちゅうかたんけんたい）

超高齢化の荒波にさらされて滅亡の危機にある町中華（個人経営の大衆的中華料理店）の研究・記録を行うグループ。これまでのメンバーは隊長・北尾トロ周辺の出版業界人が多かったが、本書刊行を機に全国津々浦々の同志が名乗りを上げてくれることに期待している。最終目標は「一億総町中華探検隊」である。

北尾トロ（きたお・とろ）

1958年、福岡県生まれ。ライター。本やマニア、裁判傍聴、狩猟など、好奇心のおもむくまま、さまざまな分野で執筆。町中華探検隊では隊長を務めるものの、好きな割に食べっぷりは力弱く、隊員の助けを借りて完食にこぎつけている。『裁判長！ここは懲役４年でどうすか』（文春文庫）、『猟師になりたい！』（角川文庫）、『沈黙のオヤヂ食堂』（KADOKAWA）など著書多数。

下関マグロ（しものせき・まぐろ）

1958年、山口県生まれ。街歩きをしながら、ネタを探して原稿を書いている。町中華探検隊では2号。店舗ファサード、店の歴史などに興味あり。主な著書に『歩考力』（ナショナル出版）、『まな板の上のマグロ』『アブない人びと』（ともに幻冬舎文庫）など。メシ通（http://www.hotpepper.jp/mesitsu/）にて『美人ママさんハシゴ酒』『料理人のまかないメシ』などを連載。

竜 超（りゅう・すすむ）

1964年、静岡県生まれ。性と生と政を考察する雑誌『薔薇族』の二代目編集長、という異色の肩書きを掲げつつ町中華探検を続ける隊一番の変わり種。熱海＆湯河原を核とする「熱湯エリア」をよそ者パワーで盛り上げる「熱湯ストレンジャー」の発起人としても活動中。著書に『消える「新宿二丁目」』（彩流社）、『オトコに恋するオトコたち』（立東舎）などがある。

目次《メニュー》

＊タイトルに添えた店以外もアタック（※Ｐ１０４参照）しています。

第一章　われら町中華探検隊

今はなき『大陸』跡地で感じた異変　北尾トロ

すべては腹ペコ野郎のために

二〇一四年初頭、ぼくは下関マグロと高円寺を歩いていた。『大陸』が閉店したという噂を確かめるためだ。

ごちゃごちゃした商店街を、人波を避けながら進むと看板が見える。なんだ、やってるじゃないか。〝まずくてうまい〟カツ丼、食べられるじゃないか。そう思いながら近寄っていくとシャッターが閉まっている。定休日の張り紙もなく、すすけた雰囲気が漂っている。これは……本当になくなったのだ。後釜《あとがま》の店が入っていないから看板がそのままになっているだけなのだ。

時代は変わるのだから、長年続いた店が消えるのもしょうがない。噂を聞いたとき、ぼくはマグロにそんなことを言ったが、目の当たりにするとショックだった。『大陸』は高円寺に住んでいた学生時代の終盤から社会人生活の初期にかけて足しげく通った店。借りていたアパートから近いわけではなかったが、値段が安くて量が多いのと、ひとりで気楽に入れるところが気に入っていた。

食べていたのは三〇〇円のカツ丼である。丼《どんぶり》にぎゅうぎゅう押し込まれた飯と分厚い衣にくるまれたカツが織りなす力強さは、たいしてうまくないという現実を忘れさせるパワーに満ちていた。しょっぱすぎる味付けで、合成着色料たっぷりの沢庵《たくあん》三切れがつく。とにかく飯の量が多くて、そんなに押し込んだらまずくなると思うのだが、腹ペコ野郎どもを満腹にしてやることに使命感を持っているようだった。

といっても、『大陸』は行列ができるような店ではないし、よその街からわざわざくる客もいない、ありふれた中華屋だ。対応もそっけなく、客は男ばかりで色気もない。だいいち、うまくない。だから食べた直後は「もうやめよう」と思うのだが、一〇日もすると思い出してウズウズしてくる。で、懲りずに行き、また後悔。そんなことを繰り返すうちに、舌がだんだん慣れてきて、まずいけどいいカツ丼だなと感謝の気持ちが芽生えてくる。

高円寺を離れても、用があって近くへくると、いそいそと『大陸』に行った。歳を取るにつれて頻度は減ったけれど、それでも数年に一度は行かずにいられなかった。二〇歳のときからひとり暮らしをし、いろんな街で暮らしてきたが、三〇年以上も通った食堂はここしかない。

その店が海に沈み、幻の『大陸』になったのだ。

まぁつぶれただけなんだけど……。『大陸』にはぼくの青春の一部分が壁の染みのようにへばりついていて、それが切ない気持ちを喚起したのだと思う。ただ、単なるノスタルジーなのか、他にも理由があるのか、そのときのぼくにはわからなかった。

初めて使った町中華という言葉

プロローグの通り、ぼくが「町中華」という言葉を口にしたのは二〇一四年の一月だ。会話の流れで何気なく発したのだが、マグロは「そんな言葉は聞いたことがない」と首を傾げ、語感が面白いという。

造語かと尋ねられたが、一〇年ほど前から知っていると答えた。年長の編集者や書き手と一緒に仕事をしたとき、その場で当たり前のように使われていたのだ。そうか、『大陸』みたいな店は町中華と呼んで本格的な中国料理店と区別するのか。わかりやすいしイメージにピッタリだ。ぼくはそれを聞いてなるほどと思い、町中華という単語を心に刻み付けた。だから、誰が使い始めた言葉なのかもわからない。

ではなぜ、しょっちゅう会っているマグロは初耳だったのか。不思議に思い、よくよく考えて気がついた。

「町中華」という言葉を、普段の会話で全く使わなかったのである。

ひとつには、ラーメンにしようとか炒飯《チャーハン》がいいと言えば対象となる店はわかるということがある。中華屋でもいいし、安い中華の店でも用は足せる。それすらなく、通りすがりに「ここはどう？」で済ませることもできる。

もうひとつの理由は、誰かと一緒に町中華を食べることが少ないこと。カレーや蕎《そ》麦《ば》なら普通にあるが、ぼくの場合、連れ立って食事するときに町中華を選ぶことがほとんどないため、言葉を発するチャンスがないのだ。

ぼくが町中華を食べるのはなにかがないときが多い。時間がない、金がない、おいしそうな店を探す意欲がない、連れがいない。そんなとき、フラフラと暖簾《のれん》をくぐり、置いてあるマンガ雑誌やスポーツ新聞を片手に食べる日常飯なのだ。学生時代からずっとそうだから、人と連れ立って入る習慣がないというか、中華屋はひとりのときに行くものだと決めつけていたところがある。

で、町を歩いていて発見すると心の中で「町中華でも食べようか」とつぶやいていた。だから人前では使っていないけれど自分にはなじみのある言葉ではあったのだ。

ところが、マグロから「町中華ってなに、どういう店がそうなの」と訊《き》かれてもうまく返事ができない。そんなことは考えたこともなかった。

「でもなにかあるでしょう、基準。ラーメン専門店はどうなの。町の中華屋なんじゃないの」

「あれはラーメン屋だよ」

「ラーメンは中華でしょう。なんで仲間はずれにするの」

うーん、もっといろいろ雑多なものが食べられないと。こう、『大陸』のような多彩さ、懐の深さが欲しい。だって、あそこで食べていたのはカツ丼だよ。

「ボクもカツ丼なんだよね」

え。ふたりとも中華の店で和食ばかり食べていたのか。というか、どうして『大陸』にはカツ丼なんてメニューがあり、我々は一度としてそのことを変だと思わなかったのか。

「そりゃ、他の町中華にもカツ丼が平気であったからでしょう」

そうだ。カツ丼ばかりではなくカレーもあればオムライスもあった。謎のメニュー構成だ。どうしてそうなったんだろう。そもそも町中華って、いつから存在するのだろうか。

わからなければ調べればいい。対象が町中華であるなら食べ歩くのが手っ取り早い。その頃ちょうど月刊誌で連載を始めることになっていたので、散歩が趣味で都内の飲食店に詳しいマグロに付き合ってもらい、町中華をめぐることにした。

町中華の基準は曖昧《あいまい》なままなので、それらしき店に飛び込んで食事をする。食べるのはなるべくカツ丼にしようと思った。味の比較がしたいのではなく、同じメニューばかり食べることで〝気づき〟が得られるのではないかと考えたのだ。しかし、町中華はそんな甘い作戦を許してくれる存在ではなかった。カツ丼ではなく親子丼の店がある。丼はないけどカレーに力を入れている店がある。定食一本槍《いっぽんやり》の店がある。そのたびに方針はグラつき、ますますわけがわからなくなった。連載タイトルは「さすらいの町中華」だったが、さすらっているのはぼくの気持ちである。

頼りない状況の中、ひとつだけわかってきたことがあった。昔に比べて町中華が減ってきている。元が多いので実感が湧きにくいだろうが、店を探しながら歩いているぼくとマグロにはわかるのだ。

このままでは、町中華はいずれ絶滅危惧種《きぐしゅ》になるに違いない、と。

【振り返って一言】 町中華というワードは多くの人の心に響き、本書の出版後、あたり前のように使われるようになってきた。町中華探検隊も、言葉の普及に一役買うことができたと思う。「昭和《しょうわ》の匂いがするような、なんともいえない雰囲気の中華店」をわずか三文字で言い表した功績は大きく、この呼び方を教えてくれた先人たちに感謝したい。

そして、『来々軒』は店を閉めてしまった　下関マグロ

中華だけどオムライスが人気ナンバーワンのお店

かつて僕は、フェチを中心にしたエロティックな世界を取材するライターだった。ところが、今から一〇年以上前にオールアバウトというウェブサイトで散歩の記事を書くようになって、次第に散歩の仕事が増えてきた。だから、町を歩きながらネタを探すということを日々やっている。

不思議なもので、トロから町中華という言葉を聞いて以来、これまでは目に入ってこなかった町中華が目に入ってくるようになった。それで見つけたのが、家の近くにあった『来々軒』だ。なにより面白かったのが、中華料理屋なのに店頭に貼られた短冊には「当店ベストワン　オムライス　五五〇円」とあることだった。これは町中華に違いない。店の場所は新宿御苑前《しんじゆくぎよえんまえ》駅のすぐ近くで、太宗寺《たいそうじ》の脇にあった。『来々軒』という店名がいい。一九一〇年、日本で最初にラーメンを出したのが浅草《あさくさ》にあった『来々軒』だ。このお店はかなりの人気店だったが、残念ながら閉店してし

まった。今でも『来々軒』と名乗る店は多い。

さっそく、トロにいい町中華を見つけたとメールした。

二〇一四年二月二六日、一二時過ぎに『来々軒』を訪れた。ビルの一階にある店、そのビルの壁面に「新宿二丁目8」という住居表示が貼られていた。入り口上部に看板があり『来々軒』とある。その下に〝中華料理〟という赤い暖簾がはためく。ガラス張りの表側にメニューの短冊が多数貼ってある。古めかしい感じはあまりしないが、ここで四七年の間、商売をしてきた。この年数はあることから、のちにわかることだ。

トロも気に入ったようなので、店内に入ることにする。店内は、想像したよりはゆったりとしていた。席はU字型のカウンターだけだ。たぶんご夫婦であろう、けっこう高齢のお二人で切り盛りされている。時刻は正午過ぎ、先客は二名。高齢の男性と女性。カウンターの奥に厨房《ちゅうぼう》があり、料理を作る様子がよく見えた。

今ならいろいろ考えて注文するのだが、僕は迷わず「オムライスください」と注文してしまった。トロは「えっ、あれ、えっと、セットにしないの？」と少し悩みながら、同じくオムライスを注文。今から思えば、二人が同じものを注文するなんて、なんて馬鹿な注文をしたものだ。別々のものを注文して、二種類を楽しむほうがいいだろう。

厨房を見ていると中華鍋《なべ》で大量のご飯を炒《いた》めている。ものすごい量だ。あれが二人前なのかと恐れおののくほど。高齢のご主人だが、なんとか鍋を振っている。しかし、振る回数は少ない。力というよりも技で鍋を振っている感じだ。そのままケチャップライスをお皿に入れ、再び中華鍋でさっと卵を焼き、二つの皿にのっけている。

　カウンターは二段になっていて、少々高いところに料理が置かれ、そこから客が下のテーブルにおろすスタイルだ。出てきたオムライスを持つとずっしり重い。薄焼き卵は、少々半熟。てかてかした卵の黄色に、赤いケチャップがアルファベットのmが二つ並んだ形でかけられている。

　かなりケチャップの味が濃い。そして、ものすごい量だ。全部食べられるか心配だったので、トロとの会話もそこそこに、勢いをつけて一気にかきこんだ。かきこみながら、ああそうだ、『大陸』のカツ丼もこんな感じで一気にかきこんでいたなぁ。あそこのカツ丼はタレの味は濃い目だが、ぎゅうぎゅうと詰め込まれた白飯の下までタレが達していなかった。だから勢いつけてかきこまないと、最後に白飯が残ってしまう。あ、そうか、町中華って、かきこむことだ。こんな感じで、毎回、なにかしらの発見があった。町中華というジグソーパズルのピースをひとつずつはめ込んでいくような作業をしているのかもしれない。時には間違ったピースをはめたままにしていることもあるが、それはまたあとから気づいて、正しいピースをはめ込むことになる。

ラーメン好きの小池さんが食べたであろうラーメン

三月は、もう少し話題性のある店がいいかな。そう思って、トロに、「ラーメン大好き小池さんが食べたであろうラーメンを食べに行かない？」と打診してみたら、オーケーとのこと。

西武池袋《せいぶいけぶくろ》線の東長崎《ひがしながさき》駅で落ち合う。そして『松葉』という、トキワ荘の漫画家さんたちが通っていたという町中華へ。しかし、なんということでしょう、定休日。

ちなみに『下関マグロの散歩生活』というブログに以前『松葉』へ訪問した時のことを書いているので、転載しておこう。

> ふとしたきっかけで、トキワ荘の漫画家たちが食べたラーメン店がまだ現存するというのを知り、行ってみたくなった。最寄り駅は大江戸線の落合南長崎駅、あるいは西武池袋線の椎名町駅か東長崎駅といったところだ。
>
> 目指すは『松葉』という中華料理店。（中略）時刻は一二時一三分。混んでいるといやだなぁ。ちなみにこの日は水曜日。あれれ、誰もいない。ちょっと拍子抜け。奥からお店の女性が出てきて、テレビをつけ、水を出してくれた。テレビ

はＮＨＫのニュースでチリ鉱山の落盤事故の救出の様子を映し出している。画面のすみっこに「アナログ」の文字が出ていた。

やはり、ラーメンにしよう。そう注文したあとで、壁に貼られたメニューを見ていると……。「トキワ荘ラーメンライス　六八〇円」というのが目にとまった。すでに調理を始めている店の人に大声で修正をお願いする。そうか、ラーメンライスかぁ。懐かしいなぁ。最後にラーメンライスを食べたのはいつ頃だろうか。僕が学生の頃は、中華料理屋でラーメンライスを頼む人はけっこういたが、最近、そういうのはあまり見ない。と、一二時二〇分にラーメンライス到着！

スープをすすって、あぁぁ、これはラーメンライスにしてよかったと思った。実にご飯によく合うスープだ。刻んだネギにゆで卵が半分乗っている。味の濃い、噛み応えのあるチャーシュー、メンマやワカメもご飯のおかずになる。

モーレツにうまいぞぉ。麺をズルズル食べながら、飯を頬張る。おしんこがこれまたうまい。ラーメンライスを食べていると、トキワ荘の漫画家さんたちのことではなく、自分の人生で食べたラーメンライスについてあれこれ蘇ってきた。金がなかった大学生の頃、たまにラーメンライスを食べたが、あまりおいしくなかった。だから自分がこれまでに食べたラーメンライスはさほど多くはないのだが、この『松葉』のラーメンライスは自分の生涯で一番おいしかったラーメンライスであると、断言しよう。お腹いっぱいで店をあとにした。めちゃくちゃ満足だ（二〇一〇年一〇月）。

価格などは当時のもので、たぶん今は違っていると思われる。さて、二〇一四年三月に話を戻そう。『松葉』が定休日だから、総武《そうぶ》線の東中野《ひがしなかの》駅まで歩こうということになった。途中、いい店があったら入ろうということで歩き始めたのだけれど、今なら入るであろう店、たとえば暖簾《のれん》がボロボロで今にも崩れ落ちそうな建物の店を途中でスルーしてしまった。結局この日は、東中野駅前の『大盛軒』へ行った。駆け出しのライターの頃、僕は東中野に住んでいて、当時はよくきた店だ。こちらの名物が〝鉄板麺《めん》〟というメニュー。二人ともそれをいただいた。肉と野菜を炒めたものが鉄板鍋にのっかってて、ジュージュー湯気を立ち上げながら出てくる。これに半ラーメンとご飯、生卵がセットになっているのが鉄板麺だ。生卵は、肉野菜の中心に割り入れる。ニンニクのチップがついてくるので、それもかけて、最後にタバスコをかけていただく。このタバスコがなかなかいい。

ちなみにこのお店、昔はたしか「たいせいけん」という読み方だったように思うのだが、「おおもりけん」に変わっていた。やはり盛りがいいから、この読み方に変わったのだろうか。町中華には〝盛りのよさ〟も大切なエレメントだろう。

おいしさなんて求めない

四月は曙橋《あけぼのばし》で町中華を探した。今回は僕が住んでいる町ということもあって、いくつかの店をめぐり、その中でいいお店を選んで入るという初めてのスタイルだった。とくに市谷台町《いちがやだいまち》の『曙一番』と『三十番』（現在は閉店）というお店がごく近くにあり、トロは「番番対決だ」と興奮していた。結局入ったのは『三十番』で、またオムライスをいただいた。五月は上野《うえの》の『珍満』、さらに神保町《じんぼうちょう》の『さぶちゃん』（現在は閉店）の二店舗へ行った。

月刊誌の取材のためなら、月に一店舗でいいはずなのに、僕たちはこのあたりから、町中華への訪問を加速していく。

このときの『さぶちゃん』は衝撃的だった。その衝撃を書く前に、それよりも少し前に訪問したときの様子を読んでいただくのがいいだろう。

同じく『下関マグロの散歩生活』からの引用。

お昼を食べるつもりで、神保町にやってきた。

古本屋をひやかしながら散歩していたら、ちょっとお昼の時間も過ぎて、かなりの空腹。天丼の『いもや』にしようかなと思った。いやいや、隣の『キッチングラン』でメンチカツとしょうが焼きの盛り合わせ定食もいいなぁ。と、そこに『元祖半ちゃんらーめん　さぶちゃん』の看板が目に入る。そうか、久しぶりに『さぶちゃん』に行ってみるか。と、店の前に行けば、並びはおひとり。時刻は午後二時少し前。後ろに並ぶことにした。

この店に初めてきたのは、一九八四年の夏だった。神保町の編集プロダクションで働いていた頃のことだ。食べたのは半ちゃんらーめんだったろうか。おいしいともまずいとも思わなかった。まあ、こんなもんかってかんじ。その後も、頻繁ではないが、たまに足を運んだ。ここの店主である、さぶちゃんの元気な姿を見るのも楽しみのひとつだ。

そういえば、店の名前が『さぶちゃん』であることを知ったのは実はごく最近のこと。ここが、半ちゃんらーめん、つまりラーメンと半炒飯のセットメニュー発祥というのも知った。ただ、発祥って言われても、ラーメンに半炒飯だからねぇ。あちこちで、自然発生的にメニューになっていたと思う。なんてことを考えてると、席が空いた。ほどなく店内に入り、「半ちゃんらーめん」六九〇円を注文。

若い頃は半炒飯じゃなくて、普通に炒飯を頼んだりしたが、今は半ちゃんらーめん、これぐらいで十分に満腹だ。ちなみに炒飯とラーメンが同時に出てくることはまれ。だいたい先にラーメンが出てくる。昔ながらの醬油ラーメン。麺は黄色く細いストレート麵。メンマは甘め。チャーシューは嚙みごたえがあり、濃い味付けだ。スープを飲むと生姜の香りがする。あー、これこれって思う。実は、一年か二年、長いときは三年も四年も来ないことがある。そして、毎回ここの味を忘れている。でも、食べると、ああ、これこれ、このラーメンだってことになる。ほどなく半炒飯がやってきた。けっこう濃い目の味付けの炒飯。おいしい。昔から変わらない味。炒飯をもぐもぐしながら、ラーメンのスープで流し込む。ああ、そうか。なぜ「半ちゃんらーめん」なのかがわかった。両方食べたいからだ、というごく当たり前の理由に気づく。また、くるね、さぶちゃん、と心の中で言った（二〇一一年三月）。

価格などは当時のものだ。トロとともに『さぶちゃん』を訪問したのは二〇一四年五月。前回訪問したときは若い女性がさぶちゃんのサポートをしていたが、今回は若い男性がサポートしていた。ただ、さぶちゃんは元気なさげである。信じられないほど、炒飯《チャーハン》がしょっぱくなっていたし、ラーメンは茹《ゆ》で過ぎだった。それでも行列ができ、誰も文句を言わない。店名にもなっている店主のさぶちゃんが元気でいるのを見るために客はやってくるのだ。これこそが、町中華の醍醐味《だいごみ》ではないだろうか。

　そして六月。僕は町中華が好きすぎて、一階に町中華があるマンションに引っ越した。その二カ月後、トロから驚くべきニュースが飛び込んできた。新宿御苑前の『来々軒』が閉店した。以下は、そのときの店に貼られていた手書きの文章だ。

　私事ではございますが、今夏、去年と熱中症に患りこの調理場に立てなくなってしまいました。その為泣く泣く苦渋の決断を迫られ閉店致します。思い出せばこの新宿御苑の場所に四七年間皆様に支えられて商いをさせて頂きました。なじみの御客様が沢山たくさんいらっしゃいますが一人一人の方に御あいさつも叶わずこれにてごあいさつとさせて頂きます。皆様本当に永い間有難う御座居ました。
　ではグッドラック　さようなら　店主夫婦

　そうか、四七年もやっていたんだ。もう来々軒でオムライスは食べられない。町中華は減ることがあっても増えることはまれだ。これは急がなくちゃいけないと思った。

【振り返って一言】 行けた店はまだよかったが、悲しいのはいつか行こうと思っていた店が閉店することだ。食べログなどは閉店した店をそのまま残してくれている。それを見ながら、ああ、ここはこういう町中華だったのかなどと夢想するのも楽しい。

誰かが記録しなければ忘れ去られる味と店　北尾トロ

急がないと大変なことになる

『大陸』の閉店をきっかけに町中華めぐりを始めたら、今度は『来々軒』が予告もなく店の歴史を閉じてしまった。つい先日まで中華鍋《なべ》を振っていたのだ。高齢のご主人が次から次へと来店する客をさばく姿を見て、ぼくたちは「元気だなあ」と感心しつつ、「重たい鍋が振れなくなったら引退するのかな」などと冗談交じりで話したのだった。

それが現実になる。二年連続で患った熱中症が理由とされているけれど、暑い夏場を乗り切る体力がなくなった、もはやこれまでとご主人は悟ったのだ。

町の小さな中華屋がなくなっても困る人はそんなにいない。常連は寂しい思いをするだろうが、『来々軒』でなくても腹を満たす店は他にいくらでもある。一カ月もすれば店がなくなったことにも慣れ、誰も話題にしなくなるだろう。

それでいいのか！　いいに決まっている。ご主人は体力の限界まで頑張った。店ははやり、看板メニューのオムライスは多くの人に愛された。けれど……ぼくとマグロはうーんと考え込んだ。

重大な危機が忍び寄っているように思うのだ。高齢化問題である。たいていの店は、ご主人が若くても六〇代。主力は七〇代で、八〇代もちらほら。二〇代、三〇代の若手が鍋を振ってる姿を見たことがない。ということは、後継者不足の問題も抱えていると想像できる。なぜなのか。儲《もう》からないからだと思う。

町中華は安い値段で様々な食べ物を提供する店。腹いっぱい食べても一〇〇〇円からず、都心であっても定食はせいぜい七〇〇円台である。ラーメン一杯の相場は専門店なら七〇〇円はするところ、五〇〇円前後だ。使う素材も幅広く、野菜炒《いた》めやタンメンなど、効率よく野菜を使うメニューもあるとはいえ、どうしたって余りが出てしまうだろう。安くて腹いっぱいになるのが魅力なのだから、値上げは即、客離れにつながる。

ただでさえ、最近は専門店ばやり。駅前の好立地にひしめき合うラーメン屋、つけ麺《めん》屋に行列はできても、町中華に並んで食べようとする人はいない。加えてチェーン店の台頭で、安さにおいても牛丼屋にはかなわない。さらに『日高屋』のような低価格の中華チェーンまで登場し、町中華の存在感は薄れるばかり。

「数が減っただけじゃなくて、これからますます減るってことだよね。町中華は一期一会。見かけたときに食べておかないと、今後も『来々軒』みたいなケースは出てくるんじゃない」

油流し（※P54参照）の喫茶店でコーヒーを飲みながらマグロが言った。同感だ。昔ながらの味や雰囲気に惹《ひ》かれ、散歩がてらに町中華探検をしてきたけれど、事態は深刻。のんびりしている場合じゃないのだ。

「高齢化社会の一断面だよね。たまたま町中華の衰退に気づいたけれど、他のジャンルでも似たようなことが起きてると思うよ」

マグロが水をおかわりした。今日の化調（化学調味料）はことのほかキツかったから喉《のど》が渇いてしょうがない。ぼくもおかわりをもらう。で、たまたま気づいてしまった我々はどうすればいいのか。この調子で月に一度か二度、食べに行く活動では心もとない気がする。

「食べておいしいとか言ってたってダメだよね」

ぼくはタバコをくわえた。探検のあと、油流しの一服は格別にうまい。

「話にならんでしょう。というか意味が変わってきたと思う。ぼくたちはこれまで、今日は新宿《しんじゅく》とかエリアを決めて、そこにある町中華をチェックしてきた。それはいいと思うんだよ。で、どこに入ろうかとなったとき、おいしそうな店を選ぶ。これは間違ってる。まずそうな店にも入って、まずいのに存続してきた理由を考えるべきなんだ」

「うん。ついつい胃袋の満足感を優先しがちだった。でも『来々軒』事件で目が覚めたよ」

「『大陸』で覚めたんじゃなかったんだ」

「まだ寝ぼけてた」

でもわかった。ぼくたちは昭和の食文化がひっそりと消えていこうとしていることに気がついた。ギリギリのタイミングで間に合ったと言ってもいい。やるべきことは、なくなったらそれっきりになりそうな町中華について考え、記録していくことだ。これは手応《てごた》えあるなあ。やれやれ今日もうまかったなんて、お気楽にやってちゃもったいないぞ。

「いいねえ、同じこと考えてる。方針決定だね。ただ、キミとぼくだけではまわれる店も食べる量も限られる。今後は探検隊のメンバーを募っていこうよ」

勢いで町中華探検隊などと名乗っては見たものの、この大任、二人きりでは立ち向かえない。マグロの言うことはもっともだった。

大久保《おおくぼ》の『日の出』で初めての入隊試験

とはいえ、誰を誘ったらいいものか。なにしろ言い出しっぺのぼくが、町中華ってなんなのか、うまく説明できないのだ。「なにが面白いの」と訊《き》かれてもしどろもどろで要領を得ないのでは誘いようがない。それで、相変わらずマグロと二人、町を歩いていた。食べるものもカツ丼一本槍《いっぽんやり》はやめ、中華丼を攻めてみたり、オムライスに方向転換したり、店の特色がつかみやすそうなものに変えてみた。

残念なのは、いろいろ食べたくても二人では限界があることだ。ひとりが半炒飯《チャーハン》とラーメンのセット、もうひとりが中華丼、あとは餃子《ギョーザ》を頼むのが精いっぱい。前夜から体調を整え、朝食をセーブして気合満点で挑んでも、大盛なんて無理だしおかわりなど夢の夢。ここはいい店で、いずれご主人の話も聞いてみたいからまたこよう、と席を立つことになる。

もっといろいろ食べたい。せめて三人いれば、三品取って飯・麵・餡《あん》ものの特徴を把握し、餃子などの単品メニューまで複数注文が可能。そうすれば、一度で店の概要がつかめるのに……。

待望の新メンバーが加入したのは二〇一五年初頭だった。前年の暮れに仕事で知り合ったライターの増山かおりをマグロが誘ったら興味を示したのだ。ではさっそく、入隊テストを行おう。なにをもって合格なのか定かじゃないが、探検隊としては、一緒に町中華で食べてから仲間になるのがいいんじゃないか。

欲しいのは頭数ではなく食欲であることも忘れてはならない。食べ歩きサークルをやりたいわけではないのだ。ダイエット中なんで食べませんとか、味が好みじゃないから残しますとか、そんなことでは困るのである。

心配無用だった。待ち合わせた新宿から大久保まで歩く間、町中華の前を通るたびに増山の目が輝くのだ。会話もオムライスが好きだとか、古ぼけた店の外観が大好きだとか、町中華から全くズレない。完全に面白がってる。この時点で合格としたいところだったが、食べっぷりを見るまではとガマンした。

訪れたのは『日の出』。有名店だがぼくは初めてだ。入り口からして風情があり、ショーケースを見るとメニューも多彩でそそられる。間口は狭いが奥行きがあり、テーブルが八卓ほど連なっていた。壁には異様なほど大量のメニューが書き出されている。その数、軽く一〇〇は超えているだろうか。座席数が三〇ほどの店で、これほど多彩な食べ物を出す町中華はちょっと覚えがない。内容がまたすごくて、中華を柱としつつ、洋食からサラダ、酒のつまみまで揃っているのだ。

古いメニュー表を見ると、もともとは中華と洋食の二本柱だったようだが、その後増殖したのだろう。黄色い貼り紙がずらりと並んでいる。厨房《ちゅうぼう》にいる男性がご主人で、フロアを仕切る女性が女将《おかみ》さんか。昼時とあって混んでいるが、どんどん相席にして素早くさばいていく。調理も早く、たいして待たせることなくテーブルに運ばれる。

我々が注文したオムライス、カツ丼、タンメン、餃子もアツアツでやってきた。ルックスよし、盛り具合よし、町中華の王道をゆくメリハリの利いた味つけ、さらによし。

厨房から絶え間なく聞こえてくる鍋《なべ》を振る音。小気味よく弾む女将さんの声。麵をすすり、定食を食らい、慌ただしく会計を済ませる客。すべてが混じり合うカオスのようになっている。

これぞ町中華グルーヴ。静かな店もいいけれど、活気のある店はことのほか楽しい。我々は名店と出会ってしまったようだ。

「いいお店ですねえ。感激しました」

店内に若い女性はひとりきりだが、全く気にせず、オムライスを中心に速いピッチでカツ丼、タンメンとの黄金のローテーションを繰り返す増山。皿から口元までのスプーンの運び方が力強い。旺盛《おうせい》な食欲に、ぼくとマグロはたじたじだ。

「どうでしょう、私」

どうもこうもないよ。満点です。

【振り返って一言】ご主人や女将さんとも親しくなった我々は、その後も事あるごとに『日の出』に足を運んだ。いつも明るい雰囲気で、何を食べても安くておいしいから、若い町中華初心者を連れて行っても大満足してもらえるのだ。

しかし、運命の日は訪れる。二〇一六年六月に、日の出のご主人が倒れたという情報が飛び込んできたのだ。すぐに竜が確認に向かうと、「都合により、しばらくの間休業とさせていただきます」の貼り紙が。さらに、一週間後には〝貸店舗〟のボードに差し替えられてしまったのである。

ぼくたちは「大久保の太陽が沈んだ」と嘆き悲しんだが、似たような事例は以後も枚挙にいとまがない。町中華は急に消える。「いつか行こう」ではなく、これはと思ったら迷わず暖簾《のれん》をくぐろう。

探検隊活動に付き合い出して　下関マグロ

住んでいたのに見えていなかった荻窪《おぎくぼ》の町中華

町中華探検隊のスタートが高円寺の『大陸』の閉店にあると書いた。そのことに間違いはないのだけれど、実はそれ以前にトロと似たような遊びをしていたのだ。それはトロが主催する『季刊レポ』のウェブ版である「ヒビレポ」で連載していた「旧宅探訪」というコラム。僕が住んでいた場所をトロとともにまわり、現在のその場所をレポートするというものだった。文章だけではなく、トロが動画を撮影。僕が昔住んでいた場所を説明するというものだった。

二〇一三年一二月、僕は「旧宅探訪」の取材でトロと荻窪の町を歩いた。

一九八〇年代、僕とトロの共同事務所が荻窪にあったからだ。トロも僕も最初はそれぞれフリーライターとして活動してたんだけれど、そのうち編集プロダクションっぽくなっていったので、オフィスが必要になってきたのだ。それで、もともと、僕が住んでいた部屋をオフィスにし、僕の中学、高校の同級生の岡本くんにも手伝ってもらうことにした。三人で荻窪のマンションを事務所にしていた。

　この時期、通っていた町中華があった。『新京』というお店だ。なぜか、いつも三人そろって出かけていた。出前をしてもらったこともあるが、歩いていくことがほとんどだった。事務所から近いわけではなく、一〇分くらいかかったが、いつも三人でテクテク歩いて行った。途中、他の店もあったが、なぜか僕らは『新京』を目指した。

　というわけで、かつて事務所があった場所から新京まで再び歩いてみることにした。もう三〇年も前のことだから、店はなくなっているかもしれないと言いながら行ってみると、なんとそこに『新京』はあった。驚いたなぁ。お昼過ぎで腹も減っていたので入ってみる。すると、なぜいつも三人できていたかの答えが、壁に貼ってあった。同じ定食を三人が頼むと野菜スープがサービスでついてくるのだ。だからいつも三人できていたんだね。

　謎が解けたところで、僕たちはA定食〝木くらげと肉玉子〟を頼んだ。今回は二人だからスープは定食用の小さなものだ。たしか、三人が同じものを頼むとどーんと大きな丼《どんぶり》に野菜スープがきて、それを取り分けて飲んだのを思い出した。これがうまかった。また、三人できたいなぁ、そう思った。トロはタバコの煙をくゆらせている。タバコが吸える、昔ながらの町中華だ。

　トロは女将さんに「僕らもう三〇年くらい前に何度もきてたんだけど」と話しかけ

ていた。『新京』はこの場所で三五年やっているのだそうだ。

そして、油流しの原点ともいえる、荻窪駅南口の『珈里亜』という喫茶店へ行き、コーヒーを飲んだ。まるでのちの町中華探検隊の活動そのままだ。

その約一年後、二〇一四年一二月に再び荻窪を訪れた。この年、二人であちらこちらの町中華をめぐってきたわけだが、僕たちはこの年の総決算として、荻窪を選んだ。ここから、不思議な縁で探検隊が活動の幅を広げることになる。

荻窪南口でトロと落ち合う。僕がむけるカメラにトロは開口一番「荻窪ってラーメン屋はたくさんあるイメージだけど、町中華は少ないでしょう」と言った。僕もそう思っていた。だがこの日、早めにきて荻窪駅南口周辺を歩いてみて驚いたのだが、なんと、町中華、いっぱいあるのだ。しかも、どこも歴史があり、たぶん僕たちがいた八〇年代からあったようなお店ばかりなのだ。

まず、南口仲通《なかどお》り商店街に入ってすぐの場所にある『まつまる』。ラーメン屋かと思いきや、ちゃんと定食などもあって、表の看板には創業三〇年とあった。僕たちがいた頃からあるんだね。さらにその先には『幸楽』（現在は閉店）というTBSドラマ『渡る世間は鬼ばかり』に出てくる町中華と同じ名前の店があった。ちょっと古びた食品サンプルが店頭にある。いかにも町の中華食堂と言った感じ。トロは「教科書のような町中華だね」と言った。さらにその先には、ちょうど一年前に久しぶりに行った『新京』があり、すずらん通りには『中華徳大』がある。ここは、メニューがいろいろと表に張り出されていて、実力派な感じ。

　他にも『三ちゃん』『あもん』などの店があった。この中で僕らが認識していた店は『新京』と『三ちゃん』だけだ。それは、一年前に荻窪を散歩したときもそうだった。町中華を気にして街歩きをすると、とたんに見えてくるものなのだ。

　いつものようにどの店に行くかの判断をトロにしてもらった。彼は悩みに悩んで『中華徳大』に行くことを決めたのだ。しかし、あろうことかさっきまでやっていたのに、店の前まで行くとランチが終了。準備中の札が出ていた。仕方なく『幸楽』へ入った。女将さんがひとりでやっている店で、トロが卵丼、僕がシュウマイ定食を注文。あとはレバニラを単品で頼み二人で分けて食べた。客は僕たちだけだったこともあり、食べながら女将さんと話した。それによると、こちらのお店がこのあたりでは、一番古いのだそうだ。創業四七年だと言っていた。

　店を出たときトロは興奮気味に、「年明けにもう一回行くよ」と言っていた。もちろんこの日も油流しは『珈里亜』。珈琲《コーヒー》を飲みながら、この一年の町中華をふり返ったりしながら、あれこれしゃべった。そして、最近トロが依頼された仕事に『へんな本大全』というムック本があって、先日打ち合わせをしたという話をきいた。いいなぁ、そういう本に自分も原稿を書きたいよ、そう思って帰宅し、パソコンを見たら、なんと『へんな本大全』の原稿依頼のメールが届いていた。メールをくれたのは、普段はフリーライターの仕事をしているという増山かおりという女性だった。もちろん快諾の返信メールを送った。

増山かおりの入隊により、劇的に変化した町中華探検隊

二〇一四年の年末。僕は近所の喫茶店で増山さんと初めて会った。こういったムックで編集者と直接会うのは珍しい。昔は、直接会わなければ仕事ができなかったが、今はメールのやり取りだけで終わることがほとんどだ。

打ち合わせをそこそこで終え、雑談に入った。話は町中華や喫茶店の話になった。なるほど、トロから町中華の話を聞いているんだなと思ったが、そうではないと言う。「トロさんからは猟師の話しか聞きませんでした」と言われ、僕はガクッときた。しかし、待てよ、ということは町中華探検隊のことは知らないのか。実際そうだった。僕は熱く町中華を語った。打てば響くというか、トロ以上に町中華への偏愛ぶりに驚かされた。

このとき増山さんに会っていなければ、今も、町中華探検隊は僕とトロが二人だけが、趣味的な活動に終始していたのかもしれないし、こんな本を書くこともなかった

ろうと思う。

そして、年が明けた二〇一五年。町中華ならここははずせないだろうという店、『日の出』へ行くことにした。この頃は、スタート地点の駅だけを決め、めぐる店などは僕が事前に調べてトロを案内するというスタイルだった。この日は二人に加え、増山さんが初参加。肌寒い、雨の日だった。新宿歌舞伎町《かぶきちょう》からスタートし、いくつかの店を見ながら『日の出』へ行くというコースを組んでみた。もくろみ通り、トロは『日の出』を選択する。そして、増山さんが加入した顚末《てんまつ》はトロが書いている通りだ。

そして、この日を境にトロが隊長になった。二人でいるときはあまり意味のないことでも、三人いれば隊長と隊員という関係ができて面白い。

【振り返って一言】不思議なことにトロと二人で町中華探検隊をやっていた一年間は、新しい隊員を入れようという発想はなかった。増山さんから申し出がなければ、今も二人だけだったかもしれない。単行本の最後には著者三人の鼎談《ていだん》が掲載されているが、そこには隊員が四〇名を超えたとある。文庫本の書きおろしを書いている今は八八人だ。隊員はＬＩＮＥのグループでつながっている。以前は、ＬＩＮＥで連絡をとり合い、みんなでアタックをおこなったりしていたが、最近はソロ活動の報告のような場所になっている。また、閉店情報などの投稿も増えてきて、さびしい限りだ。

ボクと町中華探検隊　竜超

出せなかった入隊希望

世話になってる先輩の北尾トロ、下関マグロの二人が楽しげにやっている町中華探検隊。その存在がずっと気にかかっていた。けれども、うかつに近寄ることはできなかった。〝三〇年来の盟友である二人だけの遊び場〟というイメージが強かったからだ。町中華には人一倍の思い出と愛着と一家言があるつもりのボクだが、そこには軽々しく「混ぜて」とは言えない雰囲気があった。部外者がずうずうしく踏み込んではいけない聖域、とボクの目には映っていたのだ。誰かの大切な場に土足で上がり込むようなマネは野暮。絶対にすべきではない。そう信じているので、町中華探検隊も〝アンタッチャブルなもの〟として遠巻きに眺めるだけに留《とど》めていたのである。

ところがある日、トロ&マグロだけの秘密基地だったはずの町中華探検隊に、三〇代の若手ライターが相次いで二人も入隊したという話を聞いた。そのときの衝撃は筆舌に尽くしがたいものだった。えっ、あそこってトロさんとマグロさん以外でも入れるトコだったの!?

どうやらボクは完全に思い違いをしていたらしい。町中華探検隊とは、町中華を愛する者に広く扉を開放しているオープンなチームだったのだ。真相がわかったら、勝手に聖域化して仲間入りをあきらめていた自分にムカッ腹が立ってきた。こんなことなら、もっと早くに入隊を希望しときゃよかったよ。どこの誰だ、〝三〇年来の盟友である二人だけの遊び場〟なんてスカしたことホザいてやがったのは。

ボクは焦った。いまさら誰かの尻馬《しりうま》に乗っかるみたいな形で「入れてください」なんて言うのは絶対に嫌だ。マイナーだった頃には見向きもしなかったクセに、ちょっとメジャー化してくるや「いやぁ、実は前々から注目してたんだよ」とか言ってくる恥知らずがいるが、あれと同類みたくなっちゃうからである。

素直に、「ずっとひとり合点しててお願いできずにいました」とトロさんたちに事情を説明し、「そういうワケなんで、すみませんけどボクも町中華探検隊に入れてください」と頼めばいいだけの話なんだけど、

「いいや、ダメだ！　いったん〝入らない〟と決めたからには最後まで筋を通しやがれ!!」

と、けわしい表情で首を振る、明治《めいじ》生まれのガンコ職人みたいなもうひとりの自分が心の中にいるのだ。

ホンネとタテマエの板挟み状態でボクが悶々《もんもん》としている間にも、トロさんたちは『散歩の達人』で連載「町中華探検隊が行く！」を始めるなど、徐々に活動の場を広げていった。いや、そっちはべつにいいのだ。散達の連載は「読者にすすめられるうまい町中華を紹介する」というグルメ記事なので、「町中華はうまくなくてもイイのだ！」と信じるボクにはどう考えたって向いてない。逆にそこへ組み込まれてしまったら、きっとすごく悩んでしまうだろう。

ただ、町中華探検はしたい。町中華探検隊には入りたい。うううう、どうしよう……。

そんなボクを哀れに思ったか、チャンスの女神が救いの手を差しのべてくれた。二〇一五年四月、トロさんが編集発行人を務めるインディーズマガジン『季刊レポ』のオフィシャルTシャツを作る必要が生じた際、印刷業者の事務所にボクも同行することとなったのである。

発注作業は無事終わり、トロさんとボクは付近の店で昼食をとることにした。爽《さわ》やかな風の吹きぬけるカフェのテラス席でランチを食べながら世間話をしていると、いつしか町中華探検隊の話題になった。これぞ千載一遇のチャンスと思ったボクは、自分がいかに町中華好きであるかをトロさんに熱烈にアピールした。女神が説得してくれたのか、ボクの中のガンコ職人は見て見ぬフリをしてくれた。舞い上がっていたせいか話の展開は記憶にないのだが、気がついたら、

「じゃあ、そのうちいっぺん参加してみたら」

と言ってもらえていて、どうにかボクは悲願を半分くらい達成できたのであった。

そして初探検の日がきた

二〇一五年六月一二日。これがボクの初めての町中華探検日であった。とはいえ、この時点ではまだ〝仮隊員〟である。入隊テストを兼ねたこの探検でどの程度の働きができたかによって、メンバー入りできるか否かが決まるのだ。ボクが特技としてアピールしていたのは〝大食い〟である。町中華探検なんてやってる割にトロさんもマグロさんも食が細いので、よく食らう人間は重宝すると思ったのだ。

初回の探検エリアとなったのは「都内屈指の演劇タウン」として広く知られる若者密集地帯「下北沢《しもきたざわ》」である。チャンスの女神は、またしてもボクに微笑んでくれた。じつはここは、かれこれ一〇年以上も入り浸っている馴染《なじ》み深い街なのである。ボクは、日本初のゲイマガジン『薔薇族』の二代目編集長をしているのだが、伊藤文學《いとうぶんがく》という先代編集長のホームタウンがこの下北沢なのだ。当然のごとく、どこになにがあるかはだいたい把握できている。こりゃぁ幸先《さいさき》がいいぞ。

集合場所である駅の改札口には、定刻である正午の少し前に着いた。やや緊張しながら待っていると、トロさん、マグロさんたちが姿を現わした。この日の参加者は、見学者も含めて男ばかり五人。四番目の隊員である半澤則吉《はんざわのりよし》もいる。

「じゃ、行きましょうか」

マグロさんが先頭に立って歩きだした。ふーん、探検はこうやって始まるのか。歩きだしたのはいいが、オシャレな街である下北沢は町中華とは縁の薄い雰囲気である。実際、駅周辺ではこれといった店が見つからなかった。大手チェーン店とか、店員が店のロゴ入りTシャツをお揃いで着てるようなトコだったらいろいろあるけれど、町中華と呼べるような物件は少ない。たまにあっても、すでにメディアの手垢《てあか》のついた有名店で、食指がイマイチ動かなかったりしてね。おまけにこの日は小雨のぱらつく悪天候で、街をさまよう隊員たちの顔には疲れの色が出始めていた。

さぁ、いよいよボクの出番だ！　実はこの展開を予想して、とっておきの一店を仕込んでおいたのである。それはかつての『薔薇族』編集部（伊藤前編集長の自宅でもあった）から徒歩三〇秒の場所にある、「これぞ町中華の中の町中華！」といった風情の店だ。繁華街から離れた奥座敷エリアにあるので、情報通のマグロさんすらその存在を知らなかった。

みんなを案内した店は『中華丸長』という。観光的な要素は一切感じられない、地元民と近隣で働く人だけを相手にしている古い店だ。まだ一二時台なのでテーブル席は昼休み中の勤め人で埋まっていたが、そのおかげで奥まった座敷席に上がることができた。この店にはこれまで数え切れないほど通ったが、座敷に通されたのは初めての経験だ。町中華探検隊はメニューの品評会や撮影を行うので、個室を使わせてもらえるのは非常にありがたい。

席に着いた一同は、まず瓶ビールで喉《のど》を湿らせた。今回は「男五人の宴《うたげ》」ということで、餃子《ギョーザ》、ラーメン、冷やし中華、チャーシュー麵《めん》、ワンタン、焼きそばなどの正当派中華メニューに加え、オムライスやカツカレーといった「町中華ならではの洋食メニュー」もバンバン頼んだ。やがて大きめのテーブル二卓が料理で埋め尽くされ、ちょっとしたパーティーの様相を呈した。働き盛りの男たちが平日の昼過ぎからビールと中華に舌鼓を打つ図というのは限りなく背徳的だが、こういうダメダメな感じこそが町中華探検隊の神髄なのだろう。なんとなくそう思った。

みんなもこの店を気に入ったようで、ボクは胸を撫《な》で下ろした。ところが、焼きそばに箸《はし》をつけたトロさんが、ちょっと首を傾げたのである。えっ、ひょっとして「店は気に入ったけど料理は気に入らなかった」とか？　ボクがドキドキしていると、トロさんはこんなことを言った。

「なんていうか、これまでに食べたことのないタイプの味だね」

なんだそりゃ？　と思いつつ、ボクも箸をのばした。

「……あ！」

本当だ。トロさんの言う通り、確かによそではちょっとないような味なのである。なんと評したらいいんだろう。普通、焼きそばの味にはどこか〝とんがった部分〟っていうのがあるじゃない？　しかしここの焼きそばにはそれがなく、全体的にまろやかなのだ。なぜだかわからないけど、うまいんだからよしとしとくか。

先輩からの悪魔のささやき

この日のメンバーは最年少の半澤くんでも三〇代で、お世辞にも若いとは言えないメンツだ。とはいえ男の胃袋はやっぱり凄《すご》くて、背徳の宴のメニューはあっという間に片付いた。ボクはまだ腹七分目だったが、他のメンバーが満腹っぽい様子だったので、それに付き合って締めるつもりだった。だが、そんなボクにマグロさんがニヤニヤしながらこう言ってきたのだ。

「あれぇ～、竜さん、これっぽっちでオシマイなんですかぁ？　もっと食べたかったら追加してもいいんですよぉ」

悪魔のささやきだ……。おそらく冗談半分なんだろうが、仮にも大食いアピールをしている者がこんなことを言われて引き下がっては、男がすたるってもんである。

「あ、そうですか。じゃあ、レバニラ炒めをいただきます」

ボクが受けて立つと、マグロさんはニタッとサディスティックな笑みを浮かべた。

「おぉ〜、そうこなくっちゃ！　もちろん〝定食〟ですよね？」

こっちは単品のつもりだったのに。しかし、もはや後には引けない。

「は、はい。当然じゃないですか」

やや引きつった笑顔を見せつつ、ボクは胃袋に念を集中して胃液の分泌力を高めた。

数分後、テーブルの上ではレバニラ炒め定食が湯気を立てていた。なんでレバニラ炒めと言ったのかは自分でもわからない。なんか知らないけど、マグロさんにけしかけられて反射的にそう言ってしまったのだ。だが、この偶然の選択も、じつはチャンスの女神の贈り物なのであった。この店は焼きそばだけでなく、レバニラ炒めも他店と大きく違っていたのである。

レバニラ炒めは、たいていの店では全食材をまとめて調理するが、そうすると野菜から出た水分がレバの生臭さを誘発したりする。レバ嫌いの人たちは、こういうのを嫌いがちだ。ところが『中華丸長』のレバニラ炒めは、炒めたニラとモヤシの上に、別途に調理されたであろうレバがのせられていた。レバはカラッと揚げられていて香ばしく、生臭みなんて全然ない。これならレバ嫌いでもおいしく食べられそうだ。

レバニラ炒めがうまい店というのは予想以上に少ない。だから初めての店で頼むのは多分に博打《ばくち》的で、つい躊躇《ちゅうちょ》しがちになる。この店でも頼んだことは一度もなかったのだけど、こんな感じだとわかっていたらもっと早く頼んどけばよかったよ。

たまたま頼んだおいしいレバニラ炒めは他の面々にも大好評であった。じつは町中華探検はこの回まで、隊長であるトロさんが勘定をもつルールになっていた。だからトロさんは、さっきまで図々しく追加注文をするボクに若干冷たい目線を送っていたのだ。けれども超美味レバニラ炒めのおかげで、「空気を読まない食いすぎ野郎」という汚名はどうにか返上することができた。ありがとうレバニラ炒め！

すっかり『中華丸長』が気に入った様子のトロさんは、店の親父さんとアレコレ話し込んでいた。その会話の中で、あの焼きそばの味の秘密もわかった。ここでは化調を使用せず、毎朝六時から丁寧にダシを自作しているのだそうだ。だからああいう丸みのある味になるのか。

後日、トロさんは『散歩の達人』の町中華連載で『中華丸長』を取り上げていた。自分が紹介した店が記事になって、ボクも鼻高々だ。翌年一月、町中華探検隊の新年会をするために『中華丸長』を訪れたところ、その記事の切り抜きが額装されて店内に飾られていた。たまたま散達を読んだ常連さんが作って持ってきてくれたそうだが、目立つ場所に掛けられているところを見ると、どうやら親父さんは記事になったことを喜んでくれているようである。ボクもうれしいよ。

地元民しか知らない良店を紹介した功績と胃袋の強さが評価されたのか、ボクの入隊は無事認められ、正式メンバーとなれた。トロさん、マグロさんと同じく昭和三〇年代生まれのボクは、高度成長期の「まだ町中華が元気だった時代」を肌で知る世代である。つまり、過去の姿を現在のそれに重ね合わせながら探検していけるわけで、それはちょっとした強みかもしれない。まぁ、そう信じながらやっていこうと思った。

【振り返って一言】〝北尾トロお気に入り店〟となり、メディアにも頻繁に登場するようになった『中華丸長』。ボクも下北沢へ行くたび寄っていて、初めて連れていく者には必ずレバニラ炒めを食わせている。レバニラ炒めも名物だが、やはり最大の名物は、厨房内でひとり黙々と鍋を振る親父さんであろう。小柄で細身でご年配だが、じつは意外とパワフルであることをボクは知っている。

数人で店を訪れた際、連れの一人がポーチを忘れたことがあった。駅近くまで行ってから気づき、「取りに戻るか?」と話していたら、後ろから「おーい!」という声が。振り向くと、ポーチを手にした親父さんが出前用のカブで疾走してくるではないか。仮面ライダーのごとく滑り込んだ親父さんは、「はい、忘れ物」とポーチを持ち主に渡すと、また風のように走り去った。「まだ当分は安泰だな……」とボクが安堵《あんど》したのは言うまでもない。

町中華用語集①

チャイナ（ちゃいな）
町中華ではない来日系の中華料理店のことを言う。マグロが命名。比較的新しい店が多く、表に写真付きのメニューが多数貼られているのが特徴である。また、格安の弁当を店頭で売っていることも多い。総じてコスパがよく、町中華での一品分の値段で定食にサラダやデザート、食後のコーヒーまで付く店もある。町中華より味の当たり外れは少ない。

三種の神器（さんしゅのじんぎ）
「町中華に不可欠な３メニュー」として挙げられていたカレーライス、オムライス、カツ丼のことを言う。当初は町中華の定義にもなっていたけれど、置いてない店も結構あったりして、現在は「あるとうれしいメニュー」になっている。中でもカツ丼は、町中華探検隊を結成するきっかけを作った因縁深いメニューである。

油流し（あぶらながし）
町中華を食べた後で喫茶店に寄る恒例儀式のことを言う。その日の店の品評会も兼ねる。妖怪じみた呼び名は「舌に残った料理の油をコーヒーで洗い流す」の意。最初に使い始めたのはトロで、彼にとっては「化調流し」でもある。ただしマグロは「トロが煙草を吸いたいだけだ」と指摘する。ちなみに竜は必ずパフェを注文する。入った店でパフェが無いとあからさまにテンションが落ちる。

第二章　飛び出せ！　町中華探検隊

無視できる店など一軒もない　北尾トロ

地域アタックの始まり

「実はボクも大久保の『日の出』が好きで、一〇〇回くらい行ってます。今でもボリュームがあるけど前はもっとすごくて、大食いのボクにとってありがたい店なんですよ。とくに好きなのは唐揚げ定食。あそこの唐揚げは巨大で、それがゴロゴロ入っているものだから、さほど空腹じゃないときなど食べ終えた後で動けなくなるくらいなんだけど、行くとなぜか頼んでしまう。一〇〇回のうち九〇回は唐揚げ定食を食べてます。同じ金を払うなら肉ですよ肉。野菜なんてものは……」

神楽坂《かぐらざか》のカフェで食事をしながら、竜超はずっと喋《しゃべ》っている。ぼくたちは雑誌『季刊レポ』がプロデュースし、ワーナーミュージックジャパンから発売される『レポCD』の記念Tシャツのオーダーを済ませたところだった。

「ボクは『日の出』の唐揚げには魔法の粉が入っているに違いないとにらんでるんですよ。でなければ、いくらボクが肉好き、唐揚げ好きでも、大量のメニューの中からあればかりを頼むわけがないと思うんです。今日は違うものを食べようと思っていても、席に着き、女将《おかみ》さんがやってくると、魅入られたように唐揚げ定食と口走ってしまう。なにかにコントロールされてるとしか思えません」

それは妄想なんじゃないのと答えながら、探検隊に誘ってみようかと思った。増山の推薦で半澤則吉が参加したとはいえまだ四名。大食い傾向のある竜の胃袋は期待できそうだし、唐揚げへの固執をみてもわかるように独自の町中華論を持っているようだ。普通は唐揚げがうまいとなったら他のメニューも試してみたくなるだろう。

竜が入って初の探検は、武蔵小山《むさしこやま》だった。増山は都合で参加できないので、男ばかり四人の予定だったが、待てど暮らせど竜が来ない。

「おかしいですね。トロさん、誘ったんですよね」

半澤に言われて記憶をまさぐる。たしか、次回は武蔵小山だと伝えたはずだ。日程だけだったかな。詳しくは連絡するからと……。

「あれ、ＬＩＮＥのメンバーに竜さんがいない。キミ、招待したの」

マグロがこっちを見る。招待？　いや、してないが。

「えー。じゃあ竜さん来れるわけないよ。誘っておいて予定も知らせないとは、気の毒だよ竜さん」

我々は連絡用にＬＩＮＥを使い、活動日や集合場所などの情報を共有するようになっていたのだが、参加するにはメンバーの誰かが新しい人を招待する仕組みになっている。誘ったぼくが招待するのを忘れていては来れるはずがなく、竜のデビューは次回の下北沢になってしまった。

「それでは今日は三人で。ここはかなりの中密地域（※P104参照）だよ」

マグロが店の場所が示された地図を広げると、印があちこち点在していた。

「じゃあ、武蔵小山アタック（※P104参照）開始です」

〝アタック〟と言うのがおかしくてたまらなかった。我々の活動はもはや店めぐりや散歩ではない。目標となるエリアを定め、そこにある町中華をチェックしながら佇《たたず》まいや外観についての感想を語り、サンプルケースを凝視。さらには目玉となるメニューを推理し、定食の値段を確かめる地域パトロールだ。そして最終的に、どの店に入るかを決めていく。マグロと二人でやっていたときも似たようなことはしていたけれど、それが形式として定着したのは武蔵小山が初だった。

当面の活動範囲は東京都内としたが、町中華はちょっとした町なら必ず残っている。同じ場所に何度も通っていたら時間がいくらあっても足りないばかりか、消えゆく店の最後の輝きを見逃す可能性も高まる。アタックには、そのエリアの町中華を総チェックするという意味が込められているのだ。

必要が生んだW鍋《なべ》振り&出前術

この日のアタックは今でも忘れられない。我々が腰を落ち着けたのは『正来軒』という店だった。そこに至るまでに五、六キロ歩いたと思うが、気を抜くことなど全くできないくらいに魅力的な店が続出した。町中華とノラ猫が多い町はいいところだとぼくは思っているが、武蔵小山も例外ではない。見かけるたびに写真を撮ったりして、なおさら忙しいのだ。この癖は今も抜けず、大勢で行くときも思い思いに写真を撮るため、多いときには一度のアタックで五〇〇枚とかになってしまう。後から見ると、構図がカブリまくりで無駄と言えば無駄なのだが、撮らずにはいられない。

『正来軒』に決めた理由は、ラーメン三五〇円を筆頭に安さ勝負に出ている点や、表に柔道家の吉田秀彦氏の写真が貼られているところに惹《ひ》かれた面がある。吉田氏が後輩たちを連れて何度もここを訪れているのは、安くて腹いっぱいになれるという町中華の存在意義を見事に表していると思った。また、裏口には出前機を載せたスーパーカブがあり、現在でも出前に応じていると推察される。店構えはくたびれ、覗《のぞ》き込んだ店内は雑然とし、Y字路の角という変形スペースのためカウンター席しかない。オシャレ感皆無。そんなことに気を使うより低価格を死守する店主の方針がにじみ出ているようだった。

店内から漏れてくる鍋の音に耳を澄ませろ。ここにあるのは懐かしい昭和の遺産ではない。ノスタルジーなど受け付けない現役バリバリの町中華だ。

武蔵小山には有名店もあれば、ここより古い店もある。しかし、そういう店はまた訪れるチャンスがあるのではないか。今日はたまたま三人になったが、竜がいたらカウンターの店に入ろうとは考えないだろう。一期一会の法則が脳裏をよぎる。

ここはネットにもほとんど情報がない。駅からも少し離れていて、わざわざ訪れるような店とは考えられていないのだ。グルメ情報的にはそれでいいんだろうけど、探検隊としては情報がないからと無視するのではなく、情報がなければ入ってみるべきだろう。

入店。「らっしゃい」の声が低くていい。我々はカウンターに座り、餃子《ギョーザ》二枚とラーメンを注文。メニューを検討し、かた焼きそばとオリジナルらしき正来軒丼、さらに冷やし中華。頼み過ぎだが、今日は飢えた獣のような食べ方をしてみたい。ただ、このときの正来軒丼が本来の味だったかどうかは定かではない。他の客も来ててんてこまいの店主から、かた焼きそばと一緒の餡《あん》にすれば早くできるがどうかと提案されたからだ。オリジナルメニューがそんな安易な作り方でいいのかと思わないでもなかったが、通りすがりの客にそんな話を持ちかけるところがまたいいんだよなと思い直す。

厨房《ちゅうぼう》が丸見えで調理の過程がじっくり見られたことも貴重な体験だった。それまでも厨房が見えるときは観察していたけれど、『正来軒』ほどの至近距離は初体験だった。店主は中華鍋をガス台にカツンカツンとぶつけるように左手で振り、右手に握ったお玉で油や調味料をひょいと追加していく。見惚《みと》れるなというのが無理な話であって、我々は固唾《かたず》を飲んででき上がりを待つのみであった。化調らしき粉が投入されたときは「やった！」と声が出そうになったもんなあ。

まだある。ぼくたちは店の個性を味や雰囲気、店主のキャラクターで判断しがちで、作業の流れにまで考えが及ばないことが多い。が、それぞれの店が独自に作り上げたルールや仕事の進め方も大事な観察ポイントなのだ。そのことに気づかせてくれたのも『正来軒』である。

この店は創業三五年。昔はわからないが、現在は夫婦ふたりですべての仕事をこなしている。町中華にはよくあるパターンだが、たいていの店では分業システムを採用。店主は厨房、奥さんがフロアを担当するところが一般的だ。奥さんが厨房に入るところでも、調理は店主で、ご飯をよそったり定食の味噌汁《みそしる》を準備したり、サポート役に徹しているものだ。

しかし『正来軒』は違う。メインは店主なのだが必要とあれば奥さんも鍋を振るのだ。我々はその力量も確かめたが、鍋振りの速度といい右手の操作といい遜色《そんしょく》ない。中華鍋を振るには体力を要するため、奥さんは自らの体重を利用し、上半身をぶつけるようにしてリズムをキープしていた。手伝いのレベルでは、この動きはできない。

なぜW調理人なのか。それは、この店が出前をしているからである。夫婦で店をやっているところに出前を頼まれれば、どちらかが店を離れなければならない。それは店主なのか、奥さんなのか。答えは両方である。我々は二度の出前注文を目撃することにより、そのシステムを理解できた。『正来軒』では、電話を受けたほうが出前をするのである。

一度目は店主が作り、電話を受けたらしき奥さんが出前に出た。その間にまた出前の電話があり、作っている途中で奥さんが戻ってきた。と、できた料理を今度は店主が出前に出て、入れ替わりで奥さんが調理を始めた。厨房が丸見えだからわかりやすいのだ。会話はほとんどないのに、すべてがスムースに進んでいく。夫婦で磨き上げたあ・うんの呼吸がここにある。

「今の見た？　注文を受けた人が出前に行けば、場所を説明する必要もなくなって効率がいいんだよ」

秘密をつかんだという顔で、マグロが半澤に話しかける。

「こんなシーンに遭遇するとは。ここに決めて大正解でしたね」

ここから先は油流しで。支払いをして喫茶店を探した。コーフン気味の我々の歩調は速い。調理と出前を夫婦間でチェンジできる店は初めてだ。狭い店が栄えた理由はこの技にアリ。出前でも稼ぐことができるから、若者が喜ぶ低価格が実現できているのだ。我々は今日、ひとつの手本を見た。宝を得た。今日スルーしたら二度と訪れる機会はなかったであろう。『正来軒』に幸あれ……。喫茶店に着く前から話が止まらないのである。

「オヤジさん、出前に備えてバイクのヘルメット被《かぶ》って鍋振ってましたよ。あれすごかったなあ。すごすぎて写真撮り忘れました」

衝撃の場面を身振りで再現する半澤が撮影忘れを悔やんだのは、一眼レフのカメラを買ったばかりだったからだ。自分は記録係として写真を撮りまくると言っていたのだけれど、半年後には「カメラ、重いです」と持ち歩かなくなってしまった。高い勉強代だったなあ。正来軒丼ならたぶん百杯は食べられる。

【振り返って一言】 出前の有無にはいつも注意しているが、インパクトにおいて正来軒を超える店にはまだ出会っていない。なお、半澤隊員はカメラを iPad に持ち替え、撮影とメモを一挙に行うスタイルに進化した。一眼レフカメラより見た目が大げさである。

町中華だよ人生は　下関マグロ

三人時代、『散歩の達人』で記事を書いた

増山さんの加入により、いつも三人で活動するようになったのかといえば、そうではなかった。今でもそうだが、増山さんはとにかく忙しい。なので、入隊後もトロと二人で町中華をめぐっていた。

二〇一五年の一月は、共通の知り合いであるモデルの女性が亡くなり、そのお葬式のためトロと南越谷《みなみこしがや》へ行った。お葬式のあと、当然のように町中華を探す。『華萬』という地元の人に長年愛されているだろうお店を見つけて入った。トロがタンメン、僕はあんかけ焼きそばを食べた。自家製餃子が自慢という店だけれど、さすがに餃子は食べることができず、二人活動の限界を感じる。

二月、トロと僕は駒込《こまごめ》駅で落ち合った。トロが月刊誌に町中華の連載を続けていることはすでに書いたが、僕も本名の増田《ますだ》剛己《たけき》でやっているオールアバウトで町中華の記事を書き始めていた。この日は〈中華なのにナポリタンがうまい店へ町中華探検隊

が行く〉という記事を書こうとやってきたのだ。駒込駅から歩き始め、いくつかの町中華を見ながら、最終的には田端《たばた》駅方向にある『昇龍』へ向かった。

実はこのお店は、知り合いからの情報提供だった。「いつもバイクで通る道に中華なのにナポリタンの看板が出ている店があるんですよ」とメールをくれたのだ。このように二〇一五年に入ると、知り合いに僕たちが町中華を探訪していることが徐々に知られてきて、情報を提供してくれる人が出てきたのだ。

なるほど『昇龍』の店の前まで行けば、町中華の外観の店舗なんだけれど、入り口前には〝ナポリタン〟と書かれた提灯《ちょうちん》がぶら下がっている。なんとも素敵なビジュアルだ。さっそく入ってナポリタンを注文。お箸《はし》でいただくナポリタンは、本格的な洋食店の味だった。

三月、再び三人での町中華探検隊活動が西荻窪《にしおぎくぼ》で行われた。西荻窪はトロの事務所がある場所だが、なぜ西荻窪かは理由があった。増山さんが『散歩の達人』へ町中華の企画を出したら、通りそうだとのこと。次号は西荻窪・荻窪特集だとのことで、僕らは西荻窪にやってきたのだ。この日の案内人は土地勘のあるトロだった。いくつかの店をめぐり、『大宮飯店』の前にきたとき、増山さんが急に「次の予定があって、もう行かなくちゃいけないんですよ」と言うので、この店に入った。カウンターだけのお店だったが、結果、このお店、素敵な老舗《しにせ》町中華だった。増山さんがカツカレーを注文するも、それは夜だけで、お昼は日替わりのランチか麺類《めんるい》のみとのこと。それで、トロがタンメン、増山さんがラーメン、僕はもやしそばにした。

後日、企画が通ったとの連絡が増山さんからあり、店の選定が行われ、取材の日程が組まれていく。取材の交渉など増山さんが全部やってくれた。お店の原稿はひとりが二店舗ずつ書き、最後に鼎談《ていだん》を行った。

結果、僕は全店舗の取材に行った。他の仕事の予定もあったのだけれど、なんとかやりくりして行ったのは、あまりにも取材が面白かったからだ。僕たちは町中華についてきちんとした取材をしたことはなかった。ただお店に行って食事をし、せいぜい会計のとき、お店の人に「もうここは長いんですか？」など一言二言質問するくらいだったのだ。もちろん、そんな客からのスタンスも楽しいのだけれど、きちんと取材を申し込み、時間をとってもらうという作業も重要だと気がついた。

西荻窪では『丸幸』『大宮飯店』『ふくきや』、荻窪では『三龍亭』『幸楽』『新京』といったお店を取材した。ここで感じたのは町中華は多彩だということだ。似たようなお店は全くなかった。店名、店舗ファサード、店の成り立ち、メニューなどみんな違っている。当たり前といえば当たり前だが、それが面白かった。

四月に町中華探検隊の記事が載った『散歩の達人』が発売された。タイトル下の大きな写真は『幸楽』で撮った、オムライス、餃子《ギョーザ》、瓶ビールが一緒に写ったもの。なるほど、これが町中華かっていうことが写真一枚で分かる。担当してくださったカメラマン、山出高士さんの写真がとてもいい。料理だけではなく、お店の方の表情などもいい感じでとらえている。

鼎談は荻窪の『新京』で行われ、昔からの知り合いの岡本くんも写真に収まっている。増山さんが声をかけて呼んでくれたのだ。この鼎談のあと、荻窪在住の半澤則吉が現れた。半澤くんにも増山さんが声をかけていたようだ。料理をもりもり食べて、半澤くんが入隊することとなった。四番目の隊員だった。そして、五番目の隊員が竜超さんということになるのは、第一章に書かれたとおりだ。

四人時代から五人時代へ

僕たち三人で書いた記事が掲載されている『散歩の達人』が発売された日、トロ、増山さん、半澤くんと僕の四人で御徒町《おかちまち》にて町中華活動をする予定だった。そこへ、『散歩の達人』編集部のKさんも参加するというのだ。あとから考えればこの日は連載に向けての軽い打ち合わせだったように思う。

五人でだらだら歩きながら、店を決めようとしたのだけれど、なかなか決まらない。最終的に二店舗に絞られ、どっちにしようかと悩んでいると、なんとKさん、「ハシゴすればいいじゃないですか」と言う。さすが『散歩の達人』の編集者だ、すごいなぁと思った。トロもそれに賛成し、ハシゴとなった。一軒目では、僕など二軒目のことがあるので、少々遠慮がちに食べた。それに対して、Kさんはバリバリ食べているではないか。さすが、『散歩の達人』の編集者は違うなぁと思った。そして、二軒目へ向かう。しかし、そこにKさんの姿はなかった。仕事が忙しいと途中で離脱したのだ。

どの店を選択し、どう取材すればいいのか。暗中模索のなか活動が続いた。五月一九日はこの四人で五反田《ごたんだ》駅に集合し、あれこれ店を見て回ったあとで、大崎広小路《おおさきひろこうじ》にある『平和軒』という風情のある店に入った。店主も料理もいい感じの店なのだが、以前『散歩の達人』で取材されていたようだ。やはり、まだ『散歩の達人』が取り上げていない店を紹介したいという気持ちが隊員のあいだにも沸き起こっていた。しかし、そういう店は得てして、取材拒否だったりする。

このあたりから、もっと多くの町中華を食べ歩かなければという焦りのようなものもあり、五月二八日に武蔵小山アタックが敢行される。

竜さんが探検隊に参加することは、かなり前からトロより知らされていた。「なにしろ、竜さんは食えるからね」とトロ。これは大いに期待した。トロ・マグロ時代よりも半澤くん、増山さんが加入することでそれなりに食べるメニューは増えたが、やはりもっといろいろな種類を食べたかったからだ。

しかしこの日、竜さんが参加できなかったのは、トロが書いている通りだ。

六月、前回と同じメンバーで新馬場《しんばんば》に集合。実はこの日も竜さんはいない。増山さんは非常に忙しく、なかなか参加できないとのこと。あとでわかるのだが、竜さんが都合のいいのは火曜日と金曜日。この日は水曜日だった。今回は『あおた』という、なんとも歴史のあるいい感じのお店だ。店内はお客さんでいっぱい。今回は餃子二人前、焼きそば、中華丼、タンメンとほどほどの量を注文。おいしくいただいた。油流しは『ルノナール』というこれまた昭和な喫茶店となった。半澤くんがレモンスカッシュを「レスカ」と注文した。まさに昭和チックな喫茶店だった。

そして六月一一日、満を持して竜さんが参加しての下北沢アタックが行われた。参加隊員は新加入の竜さん、トロ、半澤に加えて、ネットで僕の連載を担当してくれているM氏。彼を呼んだのはネットで町中華探検隊の連載ができないかと思ったからだ。

この日も、僕はいつものように下北沢駅周辺の町中華をいくつかピックアップしたマップを持参した。あらかたまわったところで、竜さんが「僕の知っている店に行きましょうか」と言う。店名を聞けば「それが、わからないんですよ」と言う。実は町中華っていうのは得てしてこういうもので、店名なんて知らないのが普通だ。伊藤文學氏は「そこのおそば屋」と言っていたそうだ。だから店名はわからない。

少し駅から離れた場所だ。看板が見えてきた。あれ、『丸長』じゃないか。つけ麺《めん》で有名な『東池袋大勝軒』の創業者、山岸一雄《やまぎしかずお》氏が修業した店としてよく話題にのぼる、丸長グループのお店だ。

小上りがあったので、そこでいただくことに。M氏はどんどんビールの栓を抜き、僕はどんどん料理を注文した。ここでのあれこれは竜さんが書いているので省くが、実は、下北沢アタック後に変わったことがある。それは支払いだ。実はこのときまで町中華の代金はトロがすべて負担していた。僕は油流しの喫茶店代を支払っていた。しかし、メンバーが増えたため、どちらもけっこうな金額になってしまう。というわけで、次回からは割り勘となった。

半澤隊員と竜隊員のことなど

五番目の隊員である竜さんが登場したので、今後のためにも僕と各隊員との関係を説明しておこう。

増山さんとの出会いやその後は、すでに書いたので、半澤くんから始めよう。彼と初めて会ったのは西荻窪にあったトロの事務所だ。テレビドラマ『半沢直樹』が放映されていた時期だったはずだ。名前を聞いて、これは名刺がほしいと思って名刺交換をしてもらった。

　半澤くんとはその後何度か会ったけれど、町中華の話をしたことは一度もなかった。しかし、探検隊において彼は重要な役割を担っている。たとえば、町中華探検隊をMCT（※P154参照）と訳したのは彼だ。たしかに、〝町中華探検隊〟は口に出しては言いづらい。MCTだとスムーズだ。また、僕らは各町に行き、そこの町中華の外観を鑑賞してまわってから、どこかひとつの店に入るという活動を行っている。それについて名前はなかったのだけれど、これを彼は〝アタック〟と呼んだ。すなわち、荻窪アタックとか武蔵小山アタックというように地名を入れ込んでいく。これだとなんだかものすごく探検気分が盛り上がる。また、彼は探検隊の名刺を実費で作ってくれた。「形から入るのは大事ですよ」と半澤くんは言う。

　竜さんは、半澤くんよりももっと古い知り合いだ。最初は、ライターの安田理央《やすだりお》くんから、面白い人がいると紹介された。「ゲイなんだけれど、マグロさんの書くフェティッシュな文章のファンらしいよ」と安田くん。竜さんに会ってみると、なるほど、僕の本のことをよく知ってくれている。それから、しばらくして、『薔薇族』が復刊し、竜さんが編集長代理となったというメールをもらった。そして連載原稿を書いてくれないかという打診があった。それじゃ、打ち合わせでもしましょうと、上野にある出版社へ出かけたのが二〇〇五年。フェティッシュな原稿を依頼されるのかと思ったら、糖尿病に関する連載をお願いされた。

軽く打ち合わせをしたあとで、竜さんや出版社の人たちと晩御飯を食べに行くことになり、それが中華だった。今も上野駅からすぐの場所にある『菜香《さいか》』という中華料理店。味などは一切覚えていない。

竜さんとも町中華の話をしたことはなかった。ただ、盛りがよく値段の安い食堂の話はよく教えてくれた。ほう、そりゃよさそうな店だと、詳しい店名や場所を聞くも、「残念ながらその店はもうないんですよ」と、竜さん。あるいは、子どもの頃好きだった町中華の店なども滔々《とうとう》と語る。竜さんって、出身は静岡県だったな。遠いけど、なにかのついでがあるかもしれないのでと、店名を聞いてみる。竜さんは「残念ながらその店はもうないんですよ」。竜さんからの情報は、もうない店のものばかりだ。

【振り返って一言】 SNSなどには、僕たちよりもより多くの町中華をめぐっている人もいて、そういう人たちも町中華探検隊に加入してくれた。そのおかげで、より多くの町中華の楽しみを共有することができた。たとえば、同じ店に行き倒す人もいて、それはそれで活動としては楽しそうだ。また、仕事で地方へ行く機会の多い人がいて、その町の町中華を紹介してくれているのが、これまた楽しい。

ボクの意外な弱点　竜超

屋号のいらない飲食店

トロさんのパートを読んで思い出したよ。そうそう、神楽坂でボクは『日の出』の話をしたんだった。そこは大久保駅からすぐの場所にある昭和テイストあふれる町中華で、壁一面に黄色いメニュー短冊がベタベタと貼られた、見るからにタダ者ではない店だ。

初めて入ったのは九〇年代半ばで、その数年後、徒歩三分くらいの近所に引っ越してきたことで行きつけの店になった。トロさんが書いているように、頼むのはほぼいつも「鶏《とり》唐揚げ定食」（五五〇円）。でっかい鶏唐が値段からは考えられないほどたっぷり盛られてて、大食いかつ損得勘定にうるさいボクでもかなり満足できるのだ。二〇〇五年頃、いっときだけ「モツ煮込み定食」（五〇〇円）に浮気したこともあったけれど、こちらは流れ者の遊び人のように不意に現れて不意に消えてしまったので、すぐ鶏唐定に出戻って現在に至る。

ボクにとっての『日の出』は、もはや自宅の一部に近い。インフルエンザで数日間寝込んだときも、外に出られるレベルまで回復するや、真っ先に向かったのは『日の出』だった。頼んだのはいつもの鶏唐定ではなく、見るからにスタミナの付きそうなカツ丼。しょっぱいカツや、たっぷりのタレがしみた茶色い飯をかっこんでいると、失われた体力がどんどん戻ってきてる感じがしたっけなぁ。

そこまでシンクロ度の高い店なのに、あそこに『日の出』なんて小洒落《こじゃれ》た屋号があることを、ボクは町中華探検隊に入るまで知らなかった。いや、屋号ナシの店なんてあるわけないからなにか名前はあるんだろうと薄々思ってはいたけれど、とくに確認しようとは思わなかったのだ。

だから、キャラの強い年配の女将《おかみ》さんがビシッと仕切ってる『日の出』のことはずっと「おばちゃんチ」と呼んでいた。下北沢でみんなを案内した『中華丸長』は道の角にあるので「角の店」である。あそこも屋号を知ったのは探検の当日であった。

しかしマグロさんは「それこそが町中華との正しい距離感なんですよ」と言ってくれた。屋号なんていちいち覚える必要がないほど近しい存在が町中華なのだ。

そんな名言を吐くマグロさんだが、たまに聞き捨てならぬことも口にする。ボクのことを「今はもうない店の情報ばかりをもたらす男」とは何事か！　今もまだある店の情報だってちゃんと提供できますよ。もっとも、「そこ、なんて店？」と訊《き》かれても「正式名称は知りません」と答えることがほとんどだが。

それにしても「屋号を覚える必要がないほど気の置けない食いモノ屋」なんてのは町中華くらいだろう。予約しなきゃ食えないような店だったら、そういうわけには絶対いかない。そもそも屋号がわからなきゃ予約の電話も入れられないんだから。

我々は「一軒でも多くの店を記録する」という使命を（勝手に）帯びているので遠方まではるばる出かけたりしているが、町中華の本来あるべき姿というのは「サンダル履きでフラッと出かけられる、名もなき近所の中華屋」なのだ。

もっともボクはサンダルを持ってないので『日の出』には靴履いて通ってますが。

炭水化物はつらいよ

正式入隊後の話をしよう。晴れて念願の町中華探検隊員となったボクだが、そこから先は順風満帆とは程遠い状況が続いた。まず、町中華探検というもののやり方がわからない。とりあえず隊の創立者であるトロさん、マグロさんについていけばどうにかなるだろうと思ったのだが、二人とも、ただ気分のままに町をぶらつき、気になった店があると写真を撮ったり、中を覗《のぞ》き込んだりしながらニヤニヤしているばかり。なんなんだ、この不審者感が半端ないおっさんどもは⁉　なにも教えず、なにひとつ学ばせてくれない徘徊中年二人組にくっついて回りながら、ド新人のボクはただひたすら戸惑うばかりなのであった。

　ボクを戸惑わせた要因は他にもある。町中華探検隊なんてものを主宰してるくせして、トロさんもマグロさんもかなりの少食なのだ。もうじき死ぬんじゃないのかこの二人、と心配になるほど食わない。そのくせ品数だけはやたら頼むので、当然大量に料理が余ることになる。

　残り物は必然的に、大食い要員であるボクのところへ回ってくる。そりゃ確かに、ボクはいっぱい食えますとアピールをして入隊を許された男ですよ。それでも生身の人間なんだから限度ってものがある。たとえば四人で餃子《ギョーザ》を味見するのなら、一皿あれば十分じゃないか。なのにトロさんは絶対に二皿は頼む。止めなきゃ人数分を頼みかねない。で、自分では一、二個くらいしか食べないのだ。マグロさんも似たりよったりで、あとはお決まりの「竜さん、あとは食べちゃっていいよ」コースとなるのだが、ボクの胃袋はブラックホールではないのですよ。

　最大のピンチを迎えたのは、巨大な野菜餡《あん》かけライスを頼んじゃったときだった。LPレコードサイズの大皿へ白飯が山盛りにされ、そこへとろみたっぷりの野菜の餡がドバッとかけられているのである。その怪物を召還したのは半澤くんだったが、あのときほど彼を憎いと思ったことはなかったねぇ。

野菜餡かけライスの恐ろしさは数分経ったあたりから本格的にわかり始める。餡の汁っけを飯がどんどん吸い込んで膨張し、頑張って食べているのに減るどころか増えていく一方なのだ。たとえるなら、利子が利子を生む闇金地獄のようなものである。

幸いその日は中西庸という雑誌編集者の大食漢隊員がいたおかげで九死に一生を得た。「自分が片づけます！」と大皿に手をかけたときの中西くんの頼もしさよ。

この一件で、ずっと無自覚だった自分の弱点にボクは気づいてしまった。大食いは大食いでもボクの大食いはかなり偏ったものだったのである。ボクが底なしで食えるのはたっぷりの肉がおかずである場合に限られていて、肉っけがない、もしくは著しく少ないメニューだと神通力が失《う》せ、一般人以下の量しか食えなくなってしまうのだ。ちょっと前に入った洋食屋で二五〇グラムのビフテキを注文したら「ライスは一〇〇グラムから七五〇グラムまで同料金です」と言われたので「じゃあ、一番大盛りで」と頼み、それはペロッと平らげられた。合計一キロの飯を楽々やっつけられたので、五十路《いそじ》になっても自分の胃袋はまだまだイケるぜ、と過信してたのだが、なんのこたぁない、あれはステーキの肉力あっての大食いだったのだ。

あの日の野菜餡かけライスのような、炭水化物がドーンと前面に出てくるメニューは最も苦手な部類で、口中にでんぷんの甘味が広がっていく状況は、ただひたすらシンドイばかり。あぁ肉が欲しい、しょっぱく焼かれた肉さえドッカリのせられていれば、この程度の米くらい余裕で片付けられるのに……。野菜餡かけライスを前にそんなことを思っていたボクは、オアシスを求めて砂漠をさまよう遭難者のようだった。
大食い自慢というアイデンティティがガラガラと音を立てて崩れていくのを感じながら、ボクはこれからの町中華探検に大きな不安を抱いていた。

【振り返って一言】 トロさんが書いたように、大久保の『日の出』はボクを含む常連たちに惜しまれつつ暖簾《のれん》を下ろした。それをSNSで紹介したら予想外の反響があって、あそこがどれほど多くのファンから愛された店であったか改めて思い知らされた。『日の出』が閉店して個人的に困っているのは〝自宅近くの町中華〟がなくなってしまったことである。いや、町中華じたいはあるんだが、ボクにとっては「大久保の町中華＝日の出」だったので、他店に足を運ぶ気にはならないのだ。あの店はそれほどボクの人生に深く食い込んでいて、たぶん「自炊しないときは『日の出』に行く」と脳内にプログラミングされてるものと思われる。
ちなみに二年前は「持ってない」と書いたサンダルだが、この二年の間に大きな心境変化があり、現在は「サンダルしか履かない生活」になっている。そして炭水化物は、二年分ジジイになったせいでいっそう食えなくなりました。

底なしの強さとセットメニュー考　北尾トロ

変わり続ける町中華の定義

二〇一五年の夏を過ぎた頃、探検隊メンバーは二ケタに達し、さらに増えようとしていた。町中華に興味さえあれば誰でも入れることにしたからだ。活動の基本となる週に一度の探検時、初対面の人と挨拶《あいさつ》することもあり、どんな人かも知らないまま食事を共にする。そのたびに隊長として「町中華とはなにか」を説明することになるのだが、ぼくはいまだにうまくできない。うまくできない理由を説明しようとすると、さらにしどろもどろになり要領を得ない発言を連発。これでは新隊員が不安になるばかりなので、町中華の定義を作成した。

「昭和以前から営業し、一〇〇〇円以内で満腹になれる庶民的な中華店。単品料理主体や、ラーメンなどに特化した専門店と異なり、麺類《めんるい》、飯類、定食など多彩な味を提供する。カレーやカツ丼、オムライスを備える店も。大規模チェーン店と違ってマニュアルは存在せず、店主の人柄や味の傾向もはっきりあらわれる」

そして、町中華探検隊はこうだ。

「減りゆく町中華を記録、記憶することを目的とし、食にとどまらず、その面白さを多面的にとらえて後世に伝える活動をする親睦《しんぼく》団体」

読者は、なんだかぼんやりしているなと思うかもしれない。ぼくも、できることならビシッと固めたいし、わかりやすいと言われたい。できないのである。

当初、それは自分のせいだと思っていた。『大陸』の閉店ショックで探検を始めようとしたとき、ぼくが強硬に言っていたのは「カツ丼がないとダメ」だったし、その後も「カツ丼とカレーとオムライスが揃っている店」と言い直したかと思えば「定食も欲しい」と訂正。「駅前の店限定」「単品はあってもエビチリはない」、あげくは「床が少しぬるぬるしている店」などと迷走を繰り返した。

マグロと話したとき、「町の中華屋をめぐろう」と言っていればこうはならなかったと思う。町中華と言ったから定義を求められ、町の中華屋とはなんだと考えていくことになった。マグロは新しい言葉だと思っているから、それらしき店を見つけるたびに「ここは町中華なの？」と訊《き》いてくる。するとどうだ。いかにも町中華なのにカツ丼がない。そうか、カツ丼は必須《ひっす》じゃなかったか。次の店は住宅地にあって、これも町中華としか言えない店である。駅前限定は間違っていたか。歩けば歩くほど、定義をひっくり返す店が現れる。ぼくの頭が悪いのか。語彙《ごい》が不足しているのか。いくらなんでも隊長がこんなにグラグラしていてはまずいだろう。それなのに隊員まで募っちゃって……どんどん自信がなくなってくる。

ところが、そんな心細さとは裏腹に、毎回の探検はエキサイティングなのだった。気分は新大陸に足を踏み入れた冒険者。みんなで、ときにはひとりで町を歩き、店を探す。一軒の店に狙いを定めて食べる。なにかしらの発見を伴う食事だ。定義が変わる。更新される。

『大陸』亡き後発見された新大陸は、そこにずっとあったのに存在すら無視されてきた世界。店主の腕と発想で自由な店づくりをしてきた。成長期があり、乱立の時代を経て、衰退期に差し掛かっているものの、思い思いの営業をしている。現存する店たちは創業数十年は当たり前の歴戦の勇者たち。でかい相手だ。ぼくごときのモノサシで計ってはいけない。

新大陸は広くて奥が深い。ゆっくり歩いていくしかないのだ。

『ラーメン＋中華丼（小）』の衝撃

先日も新たな発見をしたばかりだ。中野坂上《なかのさかうえ》の『ミッキー飯店』で食べたラーメン＋中華丼（小）のセットメニューに心が揺さぶられた。（小）のはずの中華丼が、どうかしているくらいボリュームがあり、思わず心でつぶやいた。

このセット、パンチがあり過ぎる……。

食べ始めると味も濃い。完食はしたものの、腹一杯で呻《うめ》いていると、女将《おかみ》さんが笑い出す。恥ずかしくなって空になった皿に目を落とすうちハッとした。ぼくはセットメニューについて真剣に考えたことがあっただろうか？

町中華では単品、定食、セットメニューが三本柱だ。セットメニューのない店でも半チャンセット（ラーメン＋半炒飯《チャーハン》）くらいは用意され、一度の食事で多くのメニューを経験できるため、よく食べている。元祖セットメニューは一九五〇〜六〇年代に登場したラーメンライスだろう。今でもセットの主流である半チャンセットの元祖は、神田《かんだ》神保町の『さぶちゃん』だとされている（諸説あり）。その影響か、神保町では『伊峡』『成光』を加え、半チャン御三家と呼ばれているほどだ。

半チャンが優れているのは、人気メニュー同士の組み合わせで、ラーメンライスのように主（ラーメン）従（ライス）のはっきりした関係ではないところだ。主役を張れる大物が手を組んだ画期的メニュー。とくに男性客にとっては不動の四番バッター的存在。着席するなり「半チャン」と注文する客が後を絶たない。半チャンセットはセットメニューのようでそうでない、独立したメニューだとも言える。

そう考えると、ぼくはセットメニューに関して素人同然なのだ。

町中華における強さにはボリュームと味付けがある。ボリュームの元は炭水化物。セットメニューではその特徴が最大限に発揮され、過激な炭水化物攻撃が仕掛けられる。『ミッキー飯店』のラーメン＋中華丼（小）は、それに熱さ攻撃（中華丼のとろみ保温効果）が加わっていた。

味はどうか。ライスにたっぷりかけられた肉野菜のあんかけが甘じょっぱい。ラーメンのスープもしょっぱめで、具材はその中にヒタヒタ。塩分攻撃も半端ではない。つまり、単品でもパワフルな二種類の食べ物が合体して襲いかかるのがラーメン＋中華丼（小）の正体なのだ。一切気が抜けない。

過剰な強さを望まない者には安心の餃子《ギョーザ》＋ラーメンセットもあるわけで、これは頼んでしまったぼくに責任があるが、これほど炭水化物と塩分に偏ったパンチの効いたセットメニューが、町中華以外のどんな店で食べられるだろう。『ミッキー飯店』は昭和四九年創業の四四年選手（二〇一八年）。品書きの字の古さを考えても、最近になって考案されたものではあるまい。底なしの強さで迫るこのセットを好む客がそれなりにいるということである。

蕎麦屋《そばや》にも強いメニューはある。カツ丼セットなど、腹ペコ野郎や若者向きのメニューが用意されている。しかし、蕎麦屋のそれと町中華では内容が微妙に違う。〝やさしさ〟の打ち出し方に差があるのだ。

今、やさしさなどという曖昧《あいまい》な言葉を使ってしまい、これではわかってもらえないだろうと反省した。どう言い換えたらいいだろう。配慮、サービス。どれも近いが、もっと根本的な考え方の方向性みたいなところだ。

蕎麦屋のセットは客層的に、男女兼用でなければならない。好みに配慮し、季節感にも気を使うため、蕎麦とうどん、かけ・もりが選べるようになっている。味付けも総じて穏やかなら、客の表情も落ち着いている。主役の座はカツ丼にあり、麵類は脇役だ。量もほどほど。ソツなく、品よく、気の利いた配慮をするのがカツ丼セットの〝やさしさ〟だろう。

町中華は男めし、労働者めしというのが根底にある。汗を流して働く男がぶらりと来店し、メニューを一瞥《いちべつ》。低い声でセットを頼む。腹ペコなのだ。単品では満たされない。定食でもカロリーが物足りない。だからこそのセット。だからこそのパンチ力。半チャンですらパワー不足な相手を迎え撃つ秘策としてのラーメン＋中華丼（小）である。

　ぼくには容易に想像がつく。（小）であっても中華丼なら、と客は考えるのだ。そこに期待以上の量で中華丼が届く。量よりあんかけパワーを当てにしていたところに最高のプレゼントがやってくる。

　しゃにむに食らいつくよ。そうでしょう。がむしゃらだ。夏は汗まみれだ。クーラー関係ない。腹ペコパワーと炭水化物パワーの激突になる。激しい試合。そしてなんとか客が勝つ。（小）だから悪くても接戦に持ち込める。そこは店主の計算。あくまで客に花を持たせるのだ。征服欲を満たさせてナンボ。店が勝ってはいけないのである。

　ぼくにも当てはまる。今日は空腹だった。風邪気味で、町中華を食べて元気になりたかった。それで半チャン以外のセットメニューを食べてみたくなったのだ。強烈な量としょっぱさだったが、化調を程よく使った中華丼のワイルドな魅力が、体調の悪さをねじ伏せ、ついに完食。

「うわー、すごかった、うまかった、腹いっぱいだ」

　ぼくはそんなことを叫んだ。食べきれた満足感と動けないほどの満腹感。それは、この店が長年にわたり、こだわりを持って提供してきたものだろう。

　女将さんは笑っただけで、おいしかったでしょうとも言わない。無骨でやさしいセットメニューの代金は七三〇円だった。

【振り返って一言】 半チャンセットの雄、神保町の『さぶちゃん』も二〇一七年一一月に閉店してしまった。そのせいではないだろうが、以前ほど半チャンの勢いを感じない。もはやセットメニューは群雄割拠の時代なのかもしれない。同セットがラーメンライスに取って変わったように、いずれセットメニューの代表選手にも変化が訪れるのだろうか。

熱烈町中華、暑い夏にご用心！　下関マグロ

女子部が結成された築地《つきじ》アタック

フリーライターになって三〇年以上になるけれど、『散歩の達人』での連載スタイルは初めてだった。月刊誌の連載をライター四人でやっていくのだ。自分が原稿を書くのは四回に一回だが、自分の担当月でなくても取材には参加し、町中華を食べて、対談をするのだ。

連載を開始するにあたって、Kさんより、メールが四人に同報で届いた。それによれば、執筆するメンバーを固定にし、毎回、全員が参加してくれとのことだった。

そういえば、増山さんが連載についての構想を編集者のKさんに話していたのを思い出した。取材に来られるメンバーが取材にくる、いろんなメンバーが登場するのが楽しいのではと増山さん。「竜さんなんかもきてもらって」と言っていたのだ。これだと、読者が混乱するとKさん。それもそうだ。そんなわけで、『散歩の達人』における連載のメンバーは、トロ、マグロ、増山、半澤となった。すなわち、四番目まで

の隊員が連載に参加。五番目以降は参加できなくなった。

六月一六日、町中華探検隊としての最初の取材は、荻窪の『中華徳大』だった。ただし、最初の取材分は連載の第三回目として掲載された。理由は、連載前に出た五月号が〃西荻窪、荻窪特集〃だったから。同じ地域はできるだけ号を離したいということで、あとまわしとなったのだ。このときに、毎回使われる各人のバストショットの写真などが撮影された。そして、このとき隊員に番号が付いた。町中華探検隊一号がトロ、二号が僕、三号が半澤くん、四号が増山さんだ。入隊順と違うのは、執筆の順だからだ。

六月二三日、谷中《やなか》アタックへの参加者はマグロ、半澤、増山、竜の四名だった。つまり、トロ隊長不参加だ。このあたりから、探検隊はいろいろな組み合わせで、いろいろな活動をするようになった。

七月三日は、築地アタックだった。参加メンバーは、トロ、マグロ、増山、竜、あきやまみこ、濱津和貴《はまつわき》。イラストレーターのあきやまさんと、カメラマンの濱津さんは、初参加だ。

彼女たちは六月一九日に行われた『季刊レポ』終刊パーティで入隊した。『季刊レポ』はトロが編集、発行していた雑誌。実は、初期の町中華探検隊のメンバーはそのほとんどが『レポ』にかかわりのある人たちだ。このパーティで多くの隊員が入隊したのだけれど、僕は顔と名前が一致しない人ばかりだった。おそらく、増山さんや半澤くんがLINEに誘ったのだと思う。僕が以前から知っていたのは、あきやまみこさん。もうずいぶん前になるけれど、僕とトロと一緒に『スタジオヴォイス』という雑誌で〈東京あるキング〉という散歩記事の連載をやっていたことがある。

当日は朝から雨。午前一一時には全員がジョナサン前に集合。まずは、少し築地市場からは離れた『生駒軒』の店舗を見に行く。都内に何軒かある暖簾《のれん》分け系のお店だ。まだ準備中だったが、トロと竜さんが好感触。さて、お次は築地場外の『幸軒』。ここはシュウマイとチャーシューが有名。そして、築地の場外から場内へ。まずは魚がし横丁1号館にある『ふぢの』。カウンターだけのお店だ。そして、8号館の『やじ満』。こちらは、あさりラーメンややはりシュウマイが売りのようだ。

そして、この築地アタックでは、新展開があった。それは、これだけの人数がひとつの店に入るのは大変。そこで、バラけてお店へ行こうということになったのだ。

これまで見た町中華は四軒。トロと竜さんは『生駒軒』へ行くと宣言。増山さん、あきやまさんは『幸軒』へ行くと言う。濱津さんは少し考え「二番めのお店」だと言う。それって『幸軒』じゃん。というわけで、奇《く》しくも女子は全員、『幸軒』へ。のちに女子部として活動する三名の連携がここで生まれた。

僕は『ふぢの』へ。入り口に券売機があった。タンメン、そしてシュウマイ半分

(一個)をポチッとな。普通のシュウマイが四個なので半分は二個。客のすべてはなじみ客のようだ。あとからきた男性客が、シュウマイ二個とビールをポチッとするのが見えた。着席して食券を渡すと、あっという間にシュウマイ到着。ほどなくタンメンも到着。大きめのシュウマイはお肉たっぷりでうまい。タンメンは意外にやさしめのスープ。でも、麺《めん》はしっかり固ゆで、量も多かった。

事前に決めておいたジョナサンで油流しだ。ここで、トロが「食ってるところは見てないけど、あきやまみこ、濱津和貴は合格」と、入隊を高らかに宣言した。

業平橋《なりひらばし》で逢《あ》いましょう

二〇一五年の七月はとにかく暑かった。一〇日に押上《おしあげ》アタックが敢行された。交差点の三地点にある店。『復興軒』『甘太樓』『ありあけ』という町中華がそれぞれ見える場所にあった。

実は、コラムニストのえのきどいちろうさんから「町中華かどうかはアレだけど、『復興軒』っていう名前の店あるでしょ。なんかすごい店名だよね」と言われたことがあった。ああ、自分も知っている、看板が思い浮かぶのだけれど、どこにあるんだっけ。ずっとモヤモヤしてたんだけど、業平橋あたりを散歩しているときに、あ、

『復興軒』はこのあたりだと気がつき、行ってみた。スカイツリーの真下に『復興軒』はあった。そのごく近くに二軒の素敵な町中華があったので、これは探検隊でアタックするしかないと思ったわけだ。この日の参加隊員は、トロ、マグロ、半澤、竜。

僕は『復興軒』へ、トロと半澤くんが『甘太樓』、竜さんが『ありあけ』を選択。油流しで竜さんはおとなしかった。誰もが竜さんの失敗を確信した。竜さん、餃子《ギョーザ》定食を食べたのだそうだ。『甘太樓』組は饒舌《じょうぜつ》だ。油流しで明暗が分かれる。それにしても『甘太樓』、なんで町中華なのにこういう店名なのかといえば、かつては和菓子屋だったんだそう。

僕はこの日、『復興軒』で〝やっこ定食〟を食べた。壁にメニューが貼られていて、定食の部の最初に〝やっこ定食〟があった。中華なのにやっこ！　こういうのを見たら、注文したくなる。目の前に運ばれてきたやっこ定食は、中央の皿にはすでに醬油《しょうゆ》のかけられた豆腐がどーん。右奥に置かれた皿には半熟の目玉焼きにキャベツの千切りが添えられている。きゅうりの漬物、味噌汁《みそしる》というラインナップ。和食的なビジュアルがなんとも素敵。これぞ、町中華の懐の深さだ。

でも、多くの客は炒飯《チャーハン》セットを食べていた。これは炒飯＋半ラーメンというもの。炒飯以外にも半ラーメンがつくセットは、餃子、カレー、中華丼、チキンライスなどがあった。後日、炒飯セットが食べたくて、再び『復興軒』へ出かけた。この日、他の客は定食などを食べている人ばかりで、炒飯セットを食べている人はいなかった。町中華ってこんなもんなんだなと思いながら、僕は炒飯セットを注文。すぐにやってきた。炒飯は焼き飯というイメージに近い。半ラーメンは〝半〟といいながらも、けっこうなボリューム。厚めに切ったナルトがのっているのが印象的。こちら、実にオーソドックスな味だった。そして、お会計のときに、お店の女性に「こちら、なにからの復興で『復興軒』なんですか」と訊《き》いたら、女性は厨房《ちゅうぼう》の男性に「パパーッ、なにからの復興ですかって」と声をかけた。男性は言葉少なく「関東大震災からの復興です」と教えてくれた。さらりと聞いて店を出たが、ということは大正《たいしょう》時代の創業じゃないか。歴史のある店なんだ。

僕の悪い癖は、行かなかった店に気持ちが残るところで、実は後日、『甘太樓』にも『ありあけ』にも、行った。『甘太樓』では野菜炒《いた》め＋ライスというのを注文した。別のメニューに肉野菜炒めというのがあるので、これは肉がないのかと思ったら、やはりそうだった。これはこれで、なかなかうまい。『ありあけ』では、長崎チャンポンを食べた。知り合いが、この店の長崎チャンポンを評し、「墨田《すみだ》区で一番うまい」と言っていたが、まさにそんな感じだった。

この時期、トロから衝撃的な事実を聞いた。「この前、ぶんか社のNくんが『話があるから』って事務所にきたんだよ。なんだか予感はあったけど黙っているから、こっちから終わりにしようかと言ったよ」と言うのだ。すなわち、連載『さすらいの町中華』が終わってしまうというのだ。トロと町中華を食べ歩くきっかけになった連載が終わるのか。もちろん、新隊員も加入したことだし、探検隊の活動に変わりはない。

実は、初期から町中華探検隊としての仕事の売り込みをしていた。紙媒体に限らずウェブなどにも売り込んでいたのだけれど、〝町中華〟というものが、わかってもらえなかった。

ところが、濱津さんというプロのカメラマンの方が加わってから、それが少し変わってきた。隊員たちの生き生きした表情や街の様子、お店の雰囲気などをカメラで切り取ってブログに載せた効果だろう。その後、イラストレーターの方がイラストをアップしたりして、徐々にブログは充実してきた。

暑くつらい一日

さらに暑い日だった七月四日、炎天下の中を喫茶店を探し、トロと歩いていた。『散歩の達人』の町中華取材の前に、編集者やライターさんたちと打ち合わせをするためだ。

目当ての喫茶店をやっと見つけて中に入ると、編集部のKさん、増山さん、半澤くんがいた。そこで軽く打ち合わせをし、アポを入れていたお店に向かう。これまたけっこう距離があった。再び炎天下を歩く。カメラマンの山出さんがお店近くにいた。大人六人でお店にうかがったのだけれど、女将《おかみ》さんは出かけるところだった。「あら、ごめんなさい。きょうは盂蘭盆《うらぼん》だから町内を回んなきゃなんないのよ」とのこと。

あっけなく、本日の取材はなし。お店にとってはなんの不思議はなかったのかもしれないが、僕らはとにかく驚いた。後日アポを入れ直し、取材の前日、僕はその店へ食事に行き、「女将さん、明日《あした》はよろしくお願いしますね」と念を押して、なんとか取材はできた。

それにしてもあの日はとにかく暑かった。そして腹が減っていた。別に町中華じゃなくてもよさそうなものだが、なぜか町中華を探した。かなり歩き、やっと店を見つけて入った。エアコンがありがたかった。食事もすごくうまいと思った。とくにトンカツがうまかった。半澤くんとも「あの日、あの店のカツはおいしかったよね」としばしば話していた。

二〇一五年の暮れ、その年、一番気に入った町中華を隊員それぞれが、ブログにあげるというイベントが行われた。僕は確認の意味で炎天下をさまよった後でうかがった店へ行った。あの日と同じメニューを注文してみた。すると、意外なことにさほどうまいとも思わなかった。まずいわけではないけれど、あの日味わった味とは違うのだ。ひょっとすると、料理の味はその時の状況によって、左右されるものなのかもしれない。そして、思い出の味はどんどん美化されるのではないかと思う。とくに町中華はそうじゃないだろうか。

【振り返って一言】取材をすっぽかされたことは驚いたが、さすがにその後はそういうことはなかった。とくに町中華という言葉が浸透してからは、取材の内容をわかってもらいやすくなった。ただ、少し勘違いしている人もいて「町中華という言葉を創り出したのはトロさんですよね」と言われることもある。これはトロも言っている通り、以前からあった言葉だそうだ。もっとも僕は初めて聞いた言葉で、だからこそ、そこに食いついたのだ。本書の冒頭にも書かれているが、表記は「街」なのか「町」なのかを訊《き》いたときに、トロは「町」だと答えた。その理由を尋ねたら「街中華とネットで検索すると横浜の中華街しか出てこないんだよ」と言っていたのだ。僕も検索してみたら、その通りだった。それが二〇一四年の初め頃だ。しかし、いま「街中華」と検索してみると、検索結果には「町中華」に関する記事がズラリと並ぶ。その浸透ぶりには驚かされる。なかには「街中華」という言葉を使っている人もいて、記事そのものの数もどんどん増えている。ひとつの言葉が認知され、広がっていくのはこういうことなのだと、実感している今日この頃だ。

ボクの新パートナー　竜超

日本唯一の酢豚探偵

入隊したての、まだ自分が炭水化物に弱い体質だと気づいてなかった時期のボクは、どこへ行っても町中華御三家（※P104参照）ばかり食べていた。それは町中華メニューの代名詞的存在であるラーメン、餃子、炒飯のことで、この三品はマストアイテムなのだろうと短絡的に思っていたのである。長崎チャンポンが名物だという押上の『ありあけ』に行っても、頼んだのは餃子定食だった。いま考えれば、町中華の本質を理解してなかったうえに、自分で自分にボディーブローを食らわせ続けていたのだ。ラーメンの麺《めん》や餃子の主役である皮は小麦粉だし、炒飯に至ってはほぼ九五パーセントが米である。炭水化物が苦手なボクがそんなものばかり狙い食いするなんて自殺行為に近い。

そうした無茶が祟《たた》ったのか、〝Xデー〟は早々に訪れた。町中華探検隊に入るまでは『日高屋』のダブル餃子定食が好きでしょっちゅう食べていたボクが、餃子と聞くだけで「ウプッ」となる体質に変わってしまったのである。サラリーマン時代、会社の近所にこれといった飯屋がなかったせいで半年間ランチを牛丼にした結果、長期にわたって牛丼嫌いになったことがあったが、あの時の悪夢が脳裏に浮かんだ。「この状態から早急《さっきゅう》に脱しないと、遠からず町中華探検そのものに嫌気がさすかもしれん」という不安にかられたボクは、やむなく町中華御三家と決別することにした。

御三家と別れたボクが新たに選んだパートナーは〝肉〟だった。おかずが肉なら、当初の売り込み通りの大食いが可能だ。また、トロさんもマグロさんも歳のせいかコッテリ肉汁系は苦手としているので、そっち担当としての存在意義も発揮できる。でも、漠然と肉メニューを食べるだけじゃ芸がない。できればなにか特定の料理に絞って探検していきたいところだ。そのほうが各店の比較もできて面白く、ネタも拾いやすいしね。さて、その料理は何にしようと考えていたら、不意に閃《ひらめ》いた。

「そうだ、酢豚だ！」

以前のグループ探検時にたまたま頼んだ酢豚定食がめちゃめちゃ美味で、「うまかった、うまかった」と周囲に吹聴《ふいちょう》して廻《まわ》ったことを思い出したのだ。以来、ボクは日本で唯一の〝酢豚探偵〟を名乗り、グループ探検でもソロ活動（※P154参照）でも酢豚を頼むようになった。竜超の酢豚クエストの始まりである。その結果、意外な事実も判明した。ボクは長いこと、「酢豚＝高級中華の一族」と思い込んでいたのだが、あちこちめぐってみると少なからぬ町中華でランチメニューとして手頃な価格で供されていることがわかったのだ。なぁんだ、酢豚も町中華メニューのひとつだったのか。

酢豚というのは店ごとの個性や技量が如実にあらわれるメニューなので、食べ続けても飽きは来にくい。それは「味の差が激しい」ということでもあり、うまい店はかなりうまいが、まずい店はすさまじくまずかったりするのだ。「酢豚はねぇ、当たり外れが半端ないんで頼まないんですよ」と語った知人もいたが、その意見は正解です。でも、酢豚探偵はそれを承知のうえで日々使命を全うしているのであります。

ところでトロさんは、ボクが酢豚探偵になるきっかけを作ったグループ探検には不参加だった。だから、そのときの話題が出るたびに「もういいよ、酢豚の話は！　しつこいなぁ」とイラッとした声を出すのであった。そんな状態が半年ほど続いた頃、トロさんも交えてくだんの店を再訪問する機会にめぐまれた。「これでやっとトロさんも絶品酢豚教の信者になるのだな」とニヤニヤしたのも束の間、テーブルに置かれた酢豚を見た瞬間、ボクは顔色を失った。

「あのときの酢豚じゃない……」

まず、餡《あん》からして違う。前に食べたのは〝黒酢餡〟だったが、今度のものは〝甘酢餡〟なのである。しかも甘さがかなりクドい。クリスピーな肉の揚げ方だけは変わらないが、それ以外は全くの別物になっている。ボクは慌ててメニュー表を確認した。

ひょっとしたらここの酢豚は二種類あって、前回とは別の物を頼んだんじゃないかと思ったのだ。だが、そこにはただ〝酢豚定食〟とあるだけだった。

「なんだよ、これが竜さんが絶賛する酢豚なの？」と、トロさんのいぶかしげな声。いや、違うんだ。これじゃない。ボクは無実の罪で手錠をかけられた被害者のような表情で首を振った。その日の油流しの席でボクは「前回とは別物になってたんですよ。きっと、この半年の間に酢豚のレシピが変わったか、料理人が交代するかしたんだ」と必死で説明したのだが、全然信じてもらえない。

「いーや、きっと元からあんなモンだったんだ。それをオマエが勝手に脳内で美化してただけに違いない」とトロさんは決めつけてくるし、前に一緒に食べて味を知ってるはずのマグロさんまでそちらに加勢して「竜さんの思い込みの部分が大きいんじゃないですか～？」とか言いだす始末。美味酢豚あらため豹変《ひょうへん》酢豚のせいですっかり〝妄想癖の男〟にされてしまったボクだが、酢豚探偵を廃業するつもりなどは毛頭ない。むしろ、あの日の感動的な味を上回るブツを絶対に見つけだしてやろうと、調査活動にいっそうの熱が入ったのであった。ボクの酢豚クエストはまだ当分ゲームクリアできそうもない。

愛があふれる肉使い

ボクが無類の肉好きだということは、いまや探検隊内の常識となっている。おかげで、肉使いのいい店が見つかるたびに「竜さんにピッタリなんで行きましょう」と誘われるようになった。ありがたいことです。ボクの中の肉食獣も喜んでます。

あるときマグロさんが連れていってくれた町中華で、ハイレベルな一品に遭遇した。親父さんによれば、作るのに手間がかかるうえ、利益率も低いため、あまり注文が入りすぎると困ってしまうメニューなんだそうだ。だから店名はあえて伏せる。

牛焼肉、チャーシュー、炙《あぶ》りチャーシュー（巨大）、チキンソテーが豪勢にのったそれは「肉ラーメン」という。これ以上的確なネーミングはあるまい、と唸《うな》らされる命名である。ドッカリ盛られた肉たちはトッピングなんて甘っちょろい呼び方を寄せ付けないワイルドさで、食いきるにはそれなりの食欲と胃の強さが必要である。実際、過去に挑戦したトロさんは完食できなかったそうだ。

この肉ラーメンの魅力は、肉だらけという点だけではない。最近多い〝チャーシュー富士山盛りラーメン〟も肉だらけだが、あれはただチャーシューの量を増やしてるだけなので作る手間はさほどでもない。対して肉ラーメンの場合は、贅沢にも四種の肉がそれぞれ異なる方法で調理されているのだ。牛はタレ焼きだし、チキンは塩コショウ焼きだ。炙りチャーシューには繊細な焼き目が付けられていて香ばしい。年配の親父さんひとりで切り盛りしてる小さな町中華なのに、じつに仕事が丁寧である。普通に考えたら、この規模の店でこんな非効率的なメニューなんて出すまいぞ。

これほどいろいろボクに思わせてくれた肉ラーメンなのに、その価格はジャスト一〇〇〇円。安い！　これはまさに、親父さんのお客への愛の結晶プライスだね。この店に限らず、肉力が強い町中華というのは店主の優しさでできているのだ。

ただし、町中華のそうした肉々しい愛は万人に受け入れられるものではない。そこで使われてる肉は近頃ブームの上質部位ではないし、化調たっぷりで味もしょっぱい。油もたっぷりで、へたすりゃギトギト。以前にボリュームたっぷりの酢豚を食べ終わって皿を見たら、余剰の油が水たまり状態になっててビックリしたことがあった。まさに昨今のオーガニック志向、ヘルシー志向の対極をゆく在り方だが、町中華の場合はこれでいいのだ。否、これが、いいのだ。

神田神保町の町中華で食べた生姜《しょうが》焼きはそれ自体かなり油っぽかったが、その傍らに女将《おかみ》さんは業務用の特大マヨネーズを置いていった。「オレを使え。そうすりゃもっとうまくなるぜ」と語りかけてきたマヨに、ボクは迷わず従った（ダジャレではない）。力いっぱいボトルを絞り、肉はもちろん山盛りの千切りキャベツにも遠慮なしでぶっかけたら、いやぁうまかったねぇ。マヨネーズの酸味と甘みが加わったことで、肉の味にグッと奥行きが出てきたって感じ。……なに、カロリー？　なんだそれ。聞いたことねぇ言葉だな。新手のネットスラングか？

肉に対して塩麴《しおこうじ》だの酵素だの熟成だのとしゃらくさい要素をプラスしたがる今日この頃、町中華流のやり方は時代遅れで野蛮と映るかもしれない。というか多分に時代遅れで野蛮なんだろう。しかし、そういうのを受容できてこそ、町中華の真の醍醐味《だいごみ》ってやつが体感できる気がする。町中華は万事において〝お上品〟ではなくて、そこが自分の性に合ってるのだろうと思う。だからこそ、ボクは入隊を志願したのだ。これからも肉力の強い店を中心に、ボクは町中華探検をしていくつもりである。

【振り返って一言】　じつは最近のボクはあまり酢豚を食ってなくて、〝酢豚探偵〟の看板を掲げることに一抹の後ろめたさをおぼえている。いや、べつに酢豚が嫌いになったとかではないよ。東京での町中華探検をやめた（詳細は巻末コラムを参照）せいで、酢豚定食のある店に出会いにくくなったのである。東京以外では、酢豚はやはり高級中華の一族であることが多く、貧しいボクには手が出ないのだ。一般的な中華料理より手間もコストもかかる酢豚を〝定食〟というサービスメニューで提供できるのは、やはり東京の繁華街店ならではの特権なのかもしれない。

代替の肉モノとして食べているのが〝カツ丼〟である。これは日本全国、置いてない町中華を探すほうが難しい定番だし、そもそも町中華探検隊の結成も高円寺のカツ丼に由来してるわけだから、因縁のメニューと言える。ご存知のように町中華のカツ丼は「肉よりコロモのほうが厚い」みたいなしょっぱいブツも珍しくないが、「これもこれで味わい深い」と思えるのが町中華探検隊員のお得なポイントですよ。

そして、マグロさんに案内された肉ラーメンの店。グルメガイドブックみたいにしたくなかったこともあって単行本では店名を伏せたが、あれは西荻窪の『ふくきや』である。町中華探検隊のブログには実名入りで紹介されてるのでまぁいいかな、ということで今回は書いときます。

『ふくきや』の肉ラーメンもうまかったが、ボクにとっての人生最高の肉系ラーメンは、郷里・静岡県にある町中華『聚盛《じゅせい》』の「味噌《みそ》チャーシュー麺《めん》」である。厚さ一センチ近い極厚チャーシューが五枚も入っているのだが、その脂が時間が経つにつれて濃厚味噌スープに溶け出してきて至福の味わいが生まれる。「町中華ではまずさも個性！」と言ってはばからないボクだけれども、たまにはこういった〝マジうまメニュー〟だって食いたいわさ！

町中華用語集②

中密地帯（ちゅうみつちたい）

中華密集地帯の略。木造密集地域を略して「木密地域」ということから、この呼び名がついた。反語として「中疎地帯」「中散在地帯」がある。中密地帯は下町の木密地域にあることが多いため、木密地域＝中密地帯＝町中華最後の楽園、と見る向きもある。

アタック（あたっく）

定期的に行っている町中華探検の愛称。事前に決めた駅に集合して周辺エリアの町中華を巡り、気に入った店で食事する行為のことを言う。たとえば新宿駅周辺を巡る場合ならば「新宿アタック」と呼ばれる。アタックと言っても攻撃性はなく、きわめて友好的な訪問活動である。

町中華御三家（まちちゅうかごさんけ）

町中華と聞いて真っ先に連想する代表的メニュー「ラーメン」「炒飯」「餃子」を指す。ただし、どれも炭水化物が主体なので、これらばかり食べすぎると飽きがくるし、健康にもよろしくない。町中華探検を長期にわたって楽しむためには、栄養のバランスを考えるべし。肉主体、野菜主体のメニューも併せて食べればおいしいよ。

第三章　これが町中華だ

ボクが行きついた結論　竜超

悩まされた町中華ブログ

探検活動を通じて判明した「炭水化物が苦手」という弱点は、食べるのを肉系中華メインに切り替えることによってどうにか克服できた。だが、ボクを悩ます大きな問題はまだあった。公式ブログ『町中華探検隊が行く！』の記事執筆ノルマである。

町中華探検隊はグルメ人種の食べ歩きグループではないので、どこかに行って、おいしいものを食べてオシマイ、というわけにはいかない。探検後、行ってきたのがどんな店で、そこでどういうメニューを食ったのかを記事にまとめて公表する、といった作業こそが活動の本丸なのだ。この作業が、入隊当初のボクにとってはかなりの重荷、ハッキリ言えば苦痛だった。どういう部分に主眼を置き、どんなふうにリポートすればいいのか、さっぱりわからない。職業グルメライターとかをやってる人だったらそっちのノウハウを応用できるかもしれないが、そういうキャリアもスキルもないボクにはまったく要領がつかめないのである。

ここでトロさん、マグロさんは一切あてにできない。トロさんは隊長なのにブログをあまり更新しないし、マグロさんはマグロさんで他人には真似できないタイプの記事を書く。彼の飄々《ひょうひょう》としたキャラクターありきの筆致なので、参考にしようがないのである。ここでもやはり、自分の道は自分で切り開くしかないのだ。現代日本において、町中華探検隊ほどフロンティアスピリッツを要求される団体はあるまい。

実は一瞬だけ魔が差して、よくある雑誌のグルメ記事のパターンを模倣してやろうかと思ったことがあった。だが、「この店は昭和××年に、浅草の名店○○からの暖《の》簾分《れんわ》けで生まれました。お客の八割以上が頼むという名物△△は☆☆が効いた味が魅力なんだとか。当然、自分もオーダー。噂にたがわず絶品でした」みたいな空虚なことを書いてる自分を想像したら、薄気味悪くて鳥肌が立った。楽しみたくて入った場で楽しめないものを書くなんて理論破綻《はたん》してるよね。そんなわけで、せっかく探検に行ってきてもなかなか筆を執る気にならず、放置すればするほど書く気が失《う》せてくる……という負のスパイラル期が長く続いたのであった。

ブログは当初、グループ探検参加者の誰かひとりが更新するシステムだった。探検の終了間際、「さて、今回は誰が書きますかね」とマグロさんが言いだすと、ボクの背筋には冷たいものが走った。「自分がやります」と手を挙げる奇特な隊員がいてくれた日はいいのだが、誰もいない場合は指名されやしないかとドキドキだ。「竜さん、どうですか」と声をかけられたときは、「あ、はい、やりましょうかねぇ」と頷《うなず》きながらも、内心では「やだよぉぉぉ」と叫びながら身悶《みもだ》えていたのであった。

入隊してすぐの時期の町中華ブログには、そんな苦境下で無理やりでっちあげた記事もいくつかアップされているが、魂がこもってないなぁと我ながら思ってしまうレベルだ。マグロさんからも「竜さんは探検中の発言がすごく面白いのに、ブログになると急に優等生になっちゃうんですよねぇ……」とイヤミを言われてしまった。

ところがあるとき、そんな迷走状態からヒョイと脱することができた。どうしたのかって？「開き直った」のであるよ。無理しないことにした、と言い換えてもいい。

そこには前述のマグロさんの手厳しい指摘も大きく影響している。

探検中の発言が他人から見て面白いんだったら、それをそのままブログに移植すりゃいいだけの話じゃないか。自分の得意技は〝不謹慎ユーモア〟なんだから、たとえどんなジャンルであっても、いつもの要領でやっちゃえばいいんだよ。邪道上等！たとえ周囲と毛色が違ってたって、構わず押し切っちまえ。

こんなふうに踏ん切りを付けられた瞬間から、あれほど嫌だったブログ執筆が俄然《がぜん》楽しくなった。いつも書いてるコラムのやり方で、同行者でも店でも料理でも遠慮なくオチョくり、くだらないことを言いまくってると、嘘みたいに筆が進むのだ。

ブログに載せるのは探検中の事柄だけに留《とど》まらない。家を出てから油流しを終えるまで（場合によっては家へ帰るまで）の一部始終を綴《つづ》るので、町中華探検記録というより〝竜超のお遊び日記〟に近い。心の琴線に触れるような店や料理、親父さんや女将《おかみ》さんと出会えた日にはそっちの記述が自然と増えるが、どれもイマイチだった場合には町中華以外の話が九割、なんてこともある。道端の花の咲き具合だとか、塀の上で日向《ひなた》ぼっこしてる猫の可愛さだとか、駅前でくだまいてるオッサンの香ばしさだとか、町中華とは関係ないことばっかり書いたりしてね。商業雑誌のグルメ記事だったらそんなやり方はもちろんNGだろうが、町中華ブログならばOKであると思っている。ボクはあくまで「自分が読んで楽しい文章」を書きたいのです。

こうしたやり方をトロさん、マグロさんがどのように見ているかは定かではない。ひょっとすると「町中華探検隊をなんと心得ているのか！　この外道めが」と苦々しく思っているかもしれないが、たとえそれが高じて除隊処分になるようなことがあったとしても、やっぱりボクは面白いことしかしたくないのだ。

絶対言うまいと誓ったお世辞

町中華ブログに定型も王道もありゃしない。自分が心から楽しめるやり方をチョイスすればいいんだよ。それが正解なのだ！

苦悩の果てにたどり着いたこの結論を、ボクは新隊員が加入するたびに伝えている。かつての自分のように、入隊したはいいがやり方がわからなくて戸惑っている人が多い気がしたからだ。僭越《せんえつ》ながら新人用のマニュアルみたいなものも作らせてもらった。隊の中核であるトロさん、マグロさんが何もしないのに、一介の平隊員であるボクがアレコレやるのは出すぎたマネかもしれないが。

ライターを生業《なりわい》とするトロさん、マグロさんが仕事関連の友人知人をスカウトしながら拡大した町中華探検隊は、基本的に出版業界人の集団だ。一口に出版業界人と言っても様々で、五号隊員のボクまでは全員が文筆業者だが、それ以降はフォトグラファー、イラストレーター、編集者といった具合に各方面のプロたちが集まっている。昔から餅《もち》は餅屋と言うように、プロフェッショナルが自分の専門ジャンルに沿ったことをするのが一番強い。ブログと聞くと文章主体のメディアと考えてしまいがちだが、そんなことは全然ないと思う。文章系じゃない人が名文を書こうとアクセクしたところで大した結果は残せないのだから、ボクはこんなふうにアドバイスしている。「絵のプロならば文章なんて書かずに絵だけ、写真のプロなら写真だけを載せる形でもいいんです。自分のスキルを最大限に発揮できる手法を選んでください」と。

ボクの助言を聞いてホッとした表情になる人もいる。それを見ながら、自分の入隊時にも「自己流でＯＫ」と言ってくれる先輩がいてくれたらよかったのになぁと、つい思ってしまった。いや、べつにトロさんとマグロさんをディスってるわけじゃないんですよ。あの二人から「なんでもいいから自己流でやってごらん」なんて言われてしまった日には何かの罠《わな》じゃないかと勘繰って、よけい戸惑ったかもしれない。彼らが究極のゴーイングマイウェイ体質であったからこそ、ボクは自分の頭で必死に考え、その結果として自己流の町中華探検作法が確立できたのである。

ブログ記事を執筆するにあたり、「自己流で」と同じくらい重視しているポイントがある。「お世辞は言わない」ということだ。食レポ中、どこをどうやっても褒めようがない味と出くわしてしまった際、職業グルメリポーターは「これ、好きな人にはたまらない味でしょうねぇ〜」という最終兵器を用いるそうだ。このフレーズは、その気になれば犬の糞《ふん》にだって応用可能な万能ツールである。でも、職業グルメリポーターではない町中華探検隊員が、そんな力技を使ってまで相手を褒める必要は全然ない。客としてお金を払って食べに行ってるわけだから、素直に本音を述べればいいのである。

そうはいっても、ただ「まずい」の一言で切り捨ててしまうのでは、職業クリエーターとしてあまりに芸がなさすぎる。だからボクは、褒めようのない味と出くわしてしまったときには、味以外のポイントを詳細にリポートするようにしている。店の調度品だとか、女将さんのファッションセンスだとか、流れているテレビ番組の内容だとか、メインの客層だとか、本棚のマンガのラインナップ（さいとう・たかを率が異様に高い）だとか……とにかくそういう部分を細かく描写し、記事に奥行きを持たせるのである。王道的なグルメ記事を期待して読んだ人にはナンジャコリャの世界だろうが、町中華研究資料としてはそれなりに価値あるものだと思うし、見え透いたオベンチャラを言うよりはよっぽど有益であろう。

今後、職業グルメリポーターが「これ、好きな人にはたまらない味でしょうねぇ〜」と言ってるときと、ボクが味以外についてやたら細かく書いてるときは、「この料理、褒めようがねぇや！」と思ってるときだとお察しください。

【振り返って一言】 本当に申し訳ないが、最近のボクは町中華ブログに記事をアップしていない。「隊員数が飛躍的に増えたのだから自分が書かなくても大丈夫だろう」と思ったこともあるが、新たに結成した熱湯ストレンジャー（詳細は巻末コラムを参照）の普及活動でテンテコ舞い状態なのだ。でも町中華リポートじたいは続けていて、熱湯ストレンジャーのサイトにはアップされているので、興味ある方はご検索を！単行本に書いた「町中華探検隊員としての矜持《きょうじ》」は当然そこでも死守してるよ。

業平橋御三家と動線問題　北尾トロ

共存共栄トライアングル交差点

二〇一五年七月、東武伊勢崎《とうぶいせさき》線のとうきょうスカイツリー駅集合による押上アタック。メンバーはマグロ、竜、半澤、北尾の四名だった。人の流れはスカイツリー方面だが、我々が向かったのは線路を挟んだ反対側。マグロの事前調査で、業平橋交差点を挟んで三店の町中華がにらみ合っている地帯があるとわかったので、手分けして一気に制覇しようともくろんだのだ。

交差点まで行くと状況がわかった。駅寄りの横断歩道前に立つと、すぐ右側に『復興軒』、信号を渡って右前方に『甘太樓』、左側の信号を渡ったところに『ありあけ』の姿が見えるのだ。位置関係はおおよそ以下のようなものである。『復興軒』から『ありあけ』『甘太樓』まではそ

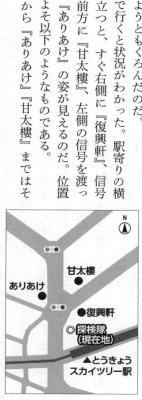

れぞれ五〇メートルほど。『ありあけ』と『甘太樓』は一〇〇メートルほどだろうか。通り沿いの路面店で、互いの姿が見える位置関係。町中華が点在するところは数あれど、これほどわかりやすいライバル関係はめったに見られるものではない。

今や東京屈指の観光地となったスカイツリー駅の裏側で、地元の三傑がにらみ合っている図に、ただならぬ緊張感を勝手に感じ、我々は交差点で立ちすくむばかりである。

「客観的には、真夏の日差しに照り付けられて呆然《ぼうぜん》としている集団にしか見えないと思いますけど、うっかり渡れませんよね」

つぶやく半澤の頬を汗が伝う。そうなのだ、渡れない。なぜなら我々の目には、交差点が激流渦巻く川に見えているからだ。渡ったら戻らない覚悟で店を決めなければならない。

「自分は家を出るときから決めていますよ。『復興軒』です」

マグロから、川を渡らない宣言が出た。何からの復興を指しての命名なのかが気になるし、外観が新しいのは改装を施したからで、まだまだ商売を続けようとの意志を感じる、しかも町中華には珍しい冷奴《ひややっこ》がメニューにある点にもそそられるという。ぼくと半澤は不思議な店名に誘われ『甘太樓』、竜は『ありあけ』を攻め、食後に感想を伝え合うことになった。

ドアを開けた瞬間、当たりの予感がした。ほどよい落ち着きがあり、空調も適度で居心地がよさそうだ。サービスメニュー内にラーメンライスがあるところから考えても、かなり古い店だと想像できる。ここは実力店だろうと意見が一致し、ぼくはオーソドックスに半チャンセット、半澤は鶏《とり》ゴハンを注文した。半チャンは期待を裏切らない味、鶏ゴハンは揚げた鶏肉が餡《あん》と絡んだ文句なしの逸品だ。

しかし、食べるばかりではこの店の謎、店名の由来はわからない。頃合いを見て、ご主人に尋ねた。なぜ『甘太樓』なのか。

「昔、菓子舗だったんですよ。あっち（スカイツリー側）のガード下でね」

この店は戦後の、甘いものがよく売れた時代に和菓子屋としてスタートしたという。中華に転身したのは四、五〇年前とのこと。四〇年と五〇年では大きな差があるが、まぁだいたい一九七〇年前後と考えていいだろう。

町中華を食べ歩いていると、開業時に三つのパターンがあることに気がつく。①数は少ないが戦前からやっているところ、②戦後の一九五〇年から五五年、③一九七〇年から七五年に開店したところである。とくに②と③が多く、これらの時代に町中華はぐんぐん数を増やしていったと考えられる。店舗数のピークは、おそらく一九七五年から、一九八九年に昭和が幕を閉じるまでの期間ではないだろうか。

その勢いが衰えた理由については別項に譲るとして、町中華が全盛期を迎える頃に、少し下火になってきた菓子舗に見切りをつけて新規参入した『甘太樓』について考えたい。

　先代主人は知恵を絞ったのだ。このまま菓子舗を続けるより、盛り上がりを見せる中華に切り替えるほうが将来性があると。

が、菓子舗として刻んだ歴史を忘れぬため店名はそのまま残した。偉かったのは、店名以外はスパッと切り替えて中華屋に徹したことだ。三代目となるご主人は自慢めいたことを口にしないが、オリジナリティのあるメニュー構成と本格的な味つけが努力の跡を物語っている。

　この店は単にブームに便乗しただけのところではない。感激屋の半澤は、朴訥《ぼくとつ》とした語りを聞きながら少し涙目になっているようだ。

　スカイツリーの誕生でにわかに観光地化しても、通りすがりの客をあてにすることなく、浮かれないのもいい。

「こっち側には人が流れてこないので、とくに変化はないですね。いつもきてくれるお客さんが大事ですし大切にしたいです」

　いい話が聞けたなあと上機嫌で待ち合わせの喫茶店へ。マグロは『復興軒』で〝やっこ定食〟を食べたという。まるで中華ではないが、そこがいい。復興の意味も分かった。大正一二年の関東大震災である。刻んだ歴史、一〇〇年近い超老舗《しにせ》。やはりこのトライアングル（※P205参照）、ただものじゃない。

盛り上がる我々と対照的に、ひとり沈んでいるのが竜だった。『ありあけ』は全体的に普通で、特徴のない店だったようだ。普通さは町中華にとって美点であるのだが、個性的な二店のように、語りたくなる要素が乏しいのである。竜は料理における肉のボリュームに異様にこだわるので、その点で不満があったのかもしれない。

しかしこれ、気になるポイントではある。『甘太樓』や『復興軒』が、激しい競争をくぐり抜けてきた理由はなんとなくわかるけれど『ありあけ』はわかりにくいのだ。普通さを愛する人によって守られていたのか。でも、普通の店は界隈《かいわい》にいくつもあっただろう。それらはすでに姿を消している。味の『甘太樓』、伝統の『復興軒』に対し、『ありあけ』はいったいなにを武器として闘ってきたのか。『ありあけ』のご主人は演歌歌手でもあるようなのだが、それが理由とも考えにくい。

食生活動線の発見

この疑問は業平橋トライアングル限定の話ではない。減ったとはいえ、多くの町に今なお複数の町中華が存在するが、その中には平凡で目立たない店もたくさんある。外観にもメニューにも値段にもさしたる特徴がない店だ。ぼくはこれまで、そういう店はクセになる味つけをしているか、店主の愛想がいいか、単純に立地がいいと考えてきた。ところが『ありあけ』にはその考えが通用しない。竜の証言を信じれば、ここは絵に描いたような平凡な町中華。交差点に近く立地は悪くないが、信号を渡ったところに有力二店舗がある。

この謎が解けたら、町の目立たない町中華が存続してきた理由にも迫れる気がして、帰り道も考え続けた。「あっ」と声を上げそうになったのは日付が変わる頃だった。

業平橋トライアングルを敵対する関係だと決めつけ、三者を比較していたのが間違いだったのではないか。三つの店はライバルではない。それぞれが、それぞれの地域でたくましく生き残ってきた優良店であるに過ぎないと仮定すれば、このトライアングルの真の意味が見えてくるのでは。

交差点から眺めれば、三店の位置関係は確かに近い。だから我々は、通りを挟んでにらみ合っていると錯覚した。でも、こうも思ったではないか。交差点が、うっかり渡ったら引き返せない、激流渦巻く川のようだと。あのとき、ぼくや半澤は距離のことより、信号待ちをし、横断歩道を渡る感覚的な遠さをイメージしていたはずだ。地元民ではない我々でも、交差点ひとつで実際の距離より遠く感じてしまうのだとしたら……。

そう、これはきっと駅へ向かう、あるいは駅から住居に向かう食生活動線の話なのだ。

三店は近くにあるようでいて、押上一丁目、二丁目など、別々のエリアに住む住人をメインの客にしてきた。町中華であれば、メインターゲットは働く男たちだ。通勤のため、駅に朝向かい、夕方以降に戻ってくる。帰宅途中で空腹を満たすために店に入るのが典型的パターンで、住む町における行動範囲は驚くほど狭く、出勤のない土日も行く場所はだいたい決まっている人が多数派だと思う。

自分を例に取ると、ぼくは杉並《すぎなみ》区の西荻窪に二〇年以上住んだり仕事場を持ったりしたが、駅の北口にいるときは北側中心の暮らしになり、南口をぶらつくことはめったになかった。何百軒もある飲食店のごく一部しか入ったことがなく、詳しいのは好きなジャンルに限定される。新規開拓に熱心なのは住み始めの一時期だけで、ひとりで済ませる外食など気に入った店が一〇軒もあれば用が足りるのだ。短時間でサッと食べられること。それ以上の望みはないとなると、行きやすいのは駅と家の途中にある店になる。取り立てて不満のない店がそこにあれば、わざわざ信号待ちをして通りの向こうに食べに行くのはたまにで十分。勝手知ったるテリトリーのほうが安心だ。

乱立しているかに見えるコンビニがそれほどつぶれないのも、住民の動線が交差点ひとつで変わるからだと考えられる。日常的な店ほど、その前を毎日通る人が利用客。ライバルがいるとすれば、それは交差点の向こうの店ではなく、同じ動線上にある同業者。そこでは熾烈《しれつ》な客の取り合いが繰り広げられているはず。

そう考えていくと、業平橋交差点の風景は違ったものに見えてくる。三店は食生活動線上にいる客を相手に商売をしているのでそれほど奪い合いにはならない……というのは今の話で、ピーク時には界隈に多数の店がひしめく激戦区だったと思われるのだ。つまり現存する〝業平橋御三家〟は地域の勝ち組、サバイバルに成功した優良店だと考えられるのである。少しずつ同業者が減ったことで、トライアングルが浮かび上がっただけのこと。各店のうしろには、かつてこの地で営業し、今は姿を消した幾多の店がある。行ったことのない店だけど、目を凝らせば見えてくる、ような気がする。

いわば地層。

我々が目にする『ありあけ』の下には、同じ食生活動線上に存在した、今は亡き町中華が層をなしている。それらをこの店が乗り越えていった。『甘太樓』みたいに味で客を唸《うな》らせる店や、『復興軒』のように歴史の重みで客を圧倒する店はなかったかもしれないが、惜しいところで『ありあけ』に敗れ去った店はいくつもあったことだろう。

どの町でも似たようなことが起こり、適正な数の店に集約されてゆく。しかも、町中華を脅かしたのは同業者だけではない。平成《へいせい》に入ると、安価で食事ができるチェーン飲食店、弁当屋、ラーメン屋、つけ麺《めん》専門店、終夜営業のコンビニ、チャイナ……。選択肢は増え、もはや町中華の値段は安いとも言えない時代。その中で常連客をキープし、値上げを最小限に抑え、多彩なメニューを提供し続ける。

もう、パッと入って一度食べただけで、店の評価を下すのはやめようと思った。そういうものではないよなと思った。

この日以来、まずいと思える店に入ると、ぼくはすごくうれしくなる。ここを動線とする住人たちは、どうしてこの店を残したのかと考える楽しみがあるからだ。

【振り返って一言】町中華の評価を、しょせん個人の好みにすぎない〝味の評価〟においてしまうと、わざわざ探検などせず、グルメサイトの点数を見て、人気店へ食べに行けばいいということになる。でもそれでは見逃すものが多いのが町中華。外観や内装、ご主人の個性、メニュー構成、厨房という名のスタジアム（Ⓒ下関マグロ）など、むしろ味以外のところにこそ、その魅力が隠されているとぼくは思う。

※御三家の一角『甘太樓』は閉店したのか、電話をしても「現在使われておりません」と機械音がむなしく聞こえるようになった。仕方のないこととはいえ、あの交差点からの光景はもう見られないと思うと残念でならない。

いっぽんどっこの町中華　下関マグロ

中密地帯、堀切菖蒲園《ほりきりしょうぶえん》を歩く

二〇一四年の秋、オールアバウトの記事を書くために京成《けいせい》電鉄本線の堀切菖蒲園駅周辺を何度も歩いた。駅近くに五つの商店街があり、共同で『ほりきり発見伝』というホームページをつくっている。

それぞれの商店街はどれも、個性的で歩くのが楽しいのだが、道は不規則な形でつながっていて、街全体を把握するのが難しい。そのため、一度ではよくわからず、何度か足を運ぶことになったのだ。それでわかったのが、この地が他に類を見ない中密地帯だということ。

まだトロ・マグロの二人探検時代だったが、ここはぜひアタックせねばと思った。というわけで、駅前で待ち合わせ。僕はいつものように少し早目に行き、改札前でトロがくるのを待った。改札を出てくるトロへカメラを向けるためだ。まだこの時期は、動画を撮ってユーチューブにあげていた。

やってきたトロはカメラに向かって「堀切菖蒲園駅、生まれて初めてきました」と言った。この駅は一九三一年（昭和六年）に完成した歴史ある駅だ。駅ができて以降、この駅を中心に発展してきたのだろう。

堀切菖蒲園駅前の道を『川《かわ》の手《て》通り』と呼ぶ。狭い歩道は、昔懐かしい昭和のサイズだ。この街が面白いと思って通った理由のひとつが、今ならどの商店街にもあるようなチェーン店が少ないところだ。すべてが、いっぽんどっこのお店だ。

〝いっぽんどっこ〟とは、水前寺《すいぜんじ》清子《きよこ》の「いっぽんどっこの唄《うた》」、畠山《はたけやま》みどりの「出世街道」の歌詞にも出てくる、昭和歌謡によく使われたワードだ。漢字で書けば〝一本独鈷《どっこ》〟。もともとは仏教用語で、自分の煩悩を打ち砕く仏具のことらしいのだが、そこから転じて独立独歩の意味もある。すなわち、組織に属さず、自分の才覚だけで生きていくことで、個人商店は、まさにいっぽんどっこなのだ。そんな個人商店が多いのが堀切菖蒲園エリアの特徴でもある。だから町中華も多いのかもしれない。

歩き始めたが、歩道が狭いので視界に入る商店の店舗ファッサードは暖簾《のれん》が中心だ。建物全体を見ようと思うと道をはさんだ逆側の歩道から見なければならない。だから、何度も行き来して、店舗全体を見るようにした。町中華は、ただ単に店に入って料理を食べればいいというものではなく、外観や、町の中でのたたずまいを味わうことこそ重要だったりする。

駅からすぐの場所にある赤いテントがまぶしいのは『タカノ』だ。かなり古い木造二階建ての看板建築。看板建築とは、関東大震災後に生まれた建築のスタイルで、木造なのだけれど洋風に見える工夫が施された建築物で、前面、上部に看板をつくり、瓦《かわら》屋根を正面からは見えなくしている。この『タカノ』は、隣のラーメン店と一棟になっているようだ。いや、よく見ると、五軒長屋の二軒分を使っているようだ。建築物としても興味深い。堀切菖蒲園にあって、昭和の大衆中華という雰囲気を一番醸し出しているのがこの『タカノ』だろう。看板に書かれていた〝柳麺〟というのも気になるなぁ。店内をのぞくトロ。いつも思うのだけれど、トロは大胆に店の中をのぞく。僕はああいうことが怖くてできない。それでも一度マネしてある店でやってみたことがあるけれど、店の人が怒鳴りながら出てきたことがあった。いかつい三〇代の男性で「あんた、どういうつもりだ」と言われ、腰を抜かしそうになった経験がある。以来、あまり店内をじろじろのぞくのはやめている。

トロは『タカノ』の店内をのぞきながら「カツ丼がない、でもオムはある」と言った。あとからわかるのだが、『タカノ』という名前は暖簾分けのようで、都内各地にあり、評判のいいお店が多いのだ。

同じ並びにある黄色いテントの『来集軒』。こちらも木造二階建ての看板建築。「ロースカツライス　七四〇円、カツカレー　七四〇円、ジャージャー麺　八〇〇円」という手書きのメニューが表に貼られていた。ここも暖簾分け系のお店だろう。かなり古そうだ。トロの反応は薄い。

その先、平和橋《へいわばし》通りというところまで行くと『光陽楼』がある。看板には大きく〝中華 パーラー〟の文字。パーラーと中華が一緒に書いてあるのを初めて見た。三階建ての建物だ。表に出されているホワイトボードには今日のおすすめランチの文字。カキフライ定食、アジフライ定食。定食は七〇〇円でコーヒーも付くようだ。油流しをかねて、ここでもいいかな。中華ではなく食堂のような感じだが、しっかりラーメン＋半炒飯《チャーハン》というセットもあった。

道を渡った反対側にあるのが『中華大八元　御食事処』という看板。角地に建つ三階建ての建物。二階には窓があるが、三階部分にはない。表にはメニューの写真がいっぱい貼ってある。中華食堂という趣だ。

川の手通りと平和橋通りが交差するのが堀切五丁目の交差点、ここから、『堀切五丁目　商和会《しょうわかい》』と書かれた商店街がのびている。ちなみのこの商店街は先に紹介した五つの商店街で作られたホームページ『ほりきり発見伝』には入っていない。この商店街にあるのが、赤いテントの『北京』。この日はお休みだった。木造二階建ての建物で、二階部分は住居のようだ。

『長門』の赤い暖簾が風になびいているのが見えた。自家製麵のお店らしい。かなり実力がありそう。ラーメンだけではなく自家製餃子《ギョーザ》、酢豚や八宝菜なども看板にあった。こちらは昔ながらの長屋タイプの木造建築で、隣の不動産屋さんと同じ棟にある。『竹葉軒』は、とにかくユニーク。手書きのメニューが表に貼りだされている。「オリエンタルライス」や「広島風スタミナ丼」「トマト塩ラーメン」など珍しいメニューが並んでいる。建物は三階建て。

さらに『美山亭』。見事な木造の看板建築。残念ながらトロと行った日はお休みだった。「開いていたら、ここにした」とトロ。自分もここはかなり好印象だった。

向かい側に大江戸ラーメンという看板。二階建ての大きな建物の、一角を使用している。店名は『らーめん　あろま』のようだ。先日、テレビ番組でコーヒーラーメンを出す、『亜呂摩』という喫茶店が紹介されていた。そこを経営している方の息子さんがこの店を出したそうだ。僕はこの店はラーメン店だと思ったが、トロは「カレーもあるから町中華」と認定した。うまそうな感じはした。

『哈爾濱餃子《ハルビンギョーザ》』は三階建ての大きな建物の一角を使っている。赤いテントが印象的。こちらはメディアでよく取り上げられる有名なお店。

ぐるっとまわって、再び駅。道を渡ったところにある『三河屋』。四階建ての立派なビルの一階部分にお店はある。表には誇らしく〝創業八六年　不動の人気メニューベストスリー〟とあり、そこには「餃子　四〇〇円、炒飯　六三〇円、チャンポン六三〇円」とあった。

創業八六年の『三河屋』へ

さて、今回、トロとまわったのはこの一一軒だが、『北京』『美山亭』はお休みだったので、選択肢は九軒からということになる。一・五キロほど歩いた。この距離で九軒なので、かなり多いといえるだろう。

これまで、お店の選定にはあまり時間をかけず決断できていたトロだが、今回は難航。最初は『タカノ』にしようと言っていたけれど、急に、「ちょっと待って」と悩み始めた。「まっさんは、どこがいい？」と僕に聞いてくる。トロは僕を〝まっさん〟と呼ぶ。本名の頃からの知り合いなので、ペンネームで呼ぶのは気恥ずかしい。本名である増田から〝まっさん〟だ。僕はトロのことを同じく本名である〝いとうちゃん〟と呼ぶ。

さて、お店の選定には僕も迷った。ここ、堀切菖蒲園駅周辺のエリアには突出してここという店がない。どこも行きたくないかというと逆で、どこも特徴があって行ってみたいのだが、ひとつだけ選ぶというのが悩ましい。ちなみに食べログでの点数は全体的に低調。テレビなどで有名な『哈爾濱餃子』が目立って高得点だった。客の入りでいえば、『タカノ』、『三河屋』、『光陽楼』、『長門』あたり入っていたかな。もっとも外から見ただけなので、よくわからないけれど。

そして、悩みに悩んだ末、トロが出した結論は、『三河屋』。おお、そうきたか。というか、順当なのだろうか。「やっぱり、八六年も営業しているっていうのが、すごいよね。戦前からやっているわけだから」とトロ。

外観を撮影して、いざ店内へ。けっこう広めの店内。テーブル席と小上がりがある。トロは迷わず、靴を脱いで小上がりへ。二人で座るとゆったりのテーブルだ。メニューを一瞥《いちべつ》して、トロは店の人（女将《おかみ》さんだろうか）を呼んでいる。「炒飯と餃子」をコール。ああ、ヤラれたと思った。店頭にこの店のベストスリーというのが出ていたのだが、その一位と二位が炒飯と餃子だった。三位はなんだったけ、あ、チャンポンか。その時の僕は、チャンポンはないと思ってしまった。今の僕なら迷わずチャンポンだ。東京の町中華のチャンポンは実に多彩だが、どれも本場長崎のチャンポンとは似ても似つかないものばかりで面白い。町中華では、それぞれのチャンポンを作り上げている。ふり返ってみると、時とともに町中華を見る目線が変わってきたことに気づかされる。

チャンポンの重要性にまだ気づいていない僕は「あの、おすすめってありますか？」と女将に聞いてみた。女将は即座に「ありますよ、エビチリでいいですか？」

とのこと。一瞬答えに詰まったが、どうやら〝おすすめ定食〟というものがあって、それがエビチリ定食なのだろう。「じゃ、それで」とお願いする。トロは鞄《かばん》をゴソゴソ、なにかを探している。タバコがないそうだ。「買ってくれば？」というと「そうだね」と店を出ていった。エビチリ定食でよかったのかな、麺類《めんるい》にすればよかったなぁ、なんて思いながら、なんとなくメニューを見ていたら、定食には半ラーメンが一二〇円でつくそうだ。安いよね。それ、お願いしちゃおう。どうせ、トロのおごりだしね。女将さんに声をかけると、「はいー」とそれを厨房《ちゅうぼう》に伝えている。トロが帰ってきた。タバコをスパスパ。こういう昭和テイストの食堂はどの席でも喫煙が可能だ。

さて、やってきたのはトロが頼んだ炒飯と餃子。いい感じ。少しもらったが、炒飯は焼き飯という感じで、なかなかうまい。で、餃子は皮が厚め。昔、こういう餃子ってけっこうあった気がする。そして、エビチリ定食と半ラーメンが届く。ラーメンは、ビジュアルがいかにも昔のラーメンだ。ナルト、わかめ、チャーシューに半分に切られたゆで卵。今なら味玉なのだろうが、昔のラーメンにはゆで卵が入っていることがあった。エビチリもどこか懐かしい味だった。

不思議なもので、食べ終わったあとで思うことは、『タカノ』だったらどうだったのか、パーラーの店内ってどうなってたのかなぁ、『長門』のラーメンもうまそうだった、いやいや、『竹葉軒』の〝オリエンタルライス〟を食べてみたかった、などなど。行ってない店のほうに心が残る。僕はいつもそうだ。
普通なら、我慢できずに気になる店へ行ってしまう僕だが、それはしなかった。別れ際にトロが「ここは、またこなくちゃね」と言ったからだ。そして、この言葉は翌年、違う形で意外な展開を見せるのであった。

【振り返って一言】堀切菖蒲園の『三河屋』は、その後も縁があった。まず、本書の単行本が出たことでTBSのテレビ番組『有吉《ありよし》ジャポン』で町中華のコーディネーターをやることになったのだが、そのとき堀切菖蒲園でロケ候補店をいくつかあげてくれと言われたので、同店をリストに入れておいた。番組を見ると、この三河屋で将棋のひふみんこと加藤《かとう》一二三《ひふみ》さんやタレントさんなどがロケをしていた。その後、僕がテレビ朝日の『スーパーJチャンネル』で同店を訪問。ご主人によれば「ずっとテレビなどの取材を断ってきたんだけど、『有吉ジャポン』に出たら、よかったので、それからは取材をうけることにしたんですよ」とのこと。こちらのご主人、修業時代からレシピをノートに書き続けていらっしゃった。そのノートが何冊もたまっている。ノートを取っている理由は、もしも自分になにかあっても、いま別のところで働いている息子さんがこのノートを見ればいつでも店の味がつくれるようにしているのだそうだ。こういう形で味を継承していくという方法もあるのだと、しみじみ思った。

ボクの町中華探検作法　竜超

決めると楽しさが増す探検テーマ

自分なりのテーマを定めて、自分流の町中華探検を楽しむ。このやり方にのっとって、ボクの場合は酢豚の調査を始めたわけだが、探検テーマはまだ他にいくらでもある。たとえば暖簾《のれん》の色やデザイン、ショーケースの料理サンプルのクオリティ、オリジナルメニューの斬新さ、屋号のユニークさ……とかね。

現時点ではまだ隊員の誰も本腰を入れてないが、親父さんや女将さんのキャラクター調査、なんてテーマはかなり面白そうだ。常連客は料理の味よりも店主の人柄に惚《ほ》れて通ってます、みたいな店もけっこうあるんで、あちこち回って調査して番付表とかを作ってもいいかもね。税込五〇〇円くらいまでだったらボクは買いますよ。

これはあくまで個人的な見解だが、町中華の親父さんには寡黙なタイプが多い気がする。日がな一日厨房の奥で黙々と中華鍋《なべ》を振り続け、客が耳にできる声といったら勘定を払って出る際にかけられる「ありゃぁたんした（ありがとうございました）」

のみ……みたいなイメージね。こういう〝ザ・昭和の男〟的な無骨さに町中華マニアはシビれるのだよ。ひょっとするとファンクラブぐらいあるかもしれない。

その逆の、やたらとお喋《しゃべ》りなタイプもたまにいる。京浜東北《けいひんとうほく》線の某駅周辺をグループ探検した際に出会った老舗《しにせ》町中華のオッチャンが、まさにその系統だった。店の外観のいぶし銀ぶりにボクらが感動してたら、オッチャンは中からヒョコッと現れた。我々をお江戸《えど》の飲食店に気圧《けお》されてるお上りさん集団と勘違いしたようで、マシンガントークをかましながら入店をすすめる。トロさんは呼び込み行為というのを蛇蝎《だかつ》のごとく嫌ってる人なんだけど、なぜかこのときは魔法にでもかかったかのようにフラフラと店へ吸い込まれてしまった。ハーメルンの笛吹きかよ。

そのオッチャンは店主ではあるが、すでにセミリタイア状態らしく、主にフロアの賑《にぎ》やかし担当に専念していた。ボクらのテーブルに張り付いて、自慢メニューの味わい方やら、店の長い歴史やら、自店のパクリをする近隣競合店の悪口やらをアレコレ聞かせてくれたのだが、こういう頼まれてもいないのに勝手にネタを提供してくれるタイプは、モノカキにとってはありがたい存在である。ひょっとするとトロさんも、こうした展開になることを予想してあえて誘いに乗ったのかもしれない。

親父さんとくれば女将さんだが、町中華を仕切る女性には、女将さんと呼ぶのがピッタリなおばちゃんタイプと、奥さんと言ったほうがシックリくる淑女タイプがいる。

ホームドラマ女優でたとえるなら、女将さん代表は森光子《もりみつこ》、奥さん代表は加藤治子《かとうはるこ》である。最近だと、前者は泉《いずみ》ピン子《こ》、後者は松坂慶子《まつざかけいこ》かな。圧倒的に多いのは女将さんタイプなので、希《まれ》に奥さんのほうに当たると、トレーディングカードのレア物を引いたようなうれしさがある。ボクの場合、女将さんには「おばちゃ～ん、××ね！」と気楽に頼めるが、奥さんだと「すいません、××ください」と居住まいを正す。このちょっとした緊張感がまたオツなモンなのです。トロさんは年配の親父さんや女将さんと心を通わすのが得意だから、聞き取ったエピソードをまとめて「町中華ちょっといい話」みたいなのを編纂《へんさん》してもいいかもね。

ボクが酢豚の次のテーマ候補として考えているのは、まだちゃんとは行けてない〝甘味中華〟の研究である。甘味中華とは、あんみつやお汁粉などを扱う甘味処を母体とした町中華のことだ。中華メニューはラーメンくらいしかない店も多いので、トロさんは町中華の範疇《はんちゅう》には入れていないのだが、甘党のボクとしてはあえてアタックしたいと思っている。青春期の思い出もあるしね。もう三〇年以上も昔、新宿の小さな劇団の研究生をしていた頃、稽古場《けいこば》の付近にイイ風合いの甘味中華があって、ときおり寄っていたのだ。いつもラーメンか丼《どんぶり》物を食べていた記憶があるが、昭和五〇年代末ですでに「古そうな店だなぁ」という印象を受けたので、戦後のラーメンブーム期に町中華化を果たした甘味処だったのかもしれない。

甘味中華は、町中華一族の中でも「風前のともしび度」が高いジャンルで、いわゆる下町エリアに集中して残存している。台東区《たいとう》のとある店のメニューには「ラーメン＋あんみつ」なんてセットもあったが、これなんかは食事というより〝ちょっと重めのおやつ〟くらいのポジションだろうか。スタミナ供給が主要任務である定食系町中華とは明らかな別物だが、だからこそ記録しておきたい気がするのだ。まぁアッサリしすぎてて、帰りにどこか別の店でカツ丼とか食っちゃいそうだけれど。

洋食とも和食とも、そして甘味とさえも拒絶反応ナシに融合し、新たな形に進化できる町中華は、言うなれば「飲食業界のキメラ」である。ひょっとしたら、ボクらの知らない未知の進化形態をたどった町中華がどこかに存在しているかもしれない。今これを書いている最中にも、奇跡的な進化を遂げている店があるかもしれない。そう考えると、なんか武者震いしてくるよ。う〜、ぜひとも出会いたいもんである。

蕎麦《そば》打ち、お遍路に次ぐ町中華

本書執筆メンバーは、三人の昭和三〇年代生まれ（通称・スリーサーティィーズ）である。よく言ってもおっさん、悪く言えば初老だから、炭水化物と塩分と油分が大量投与された町中華メニューを定期摂取することには健康上の不安がある。実際、マグロさんは十数年前に糖尿病を発症してるし、トロさんだって長野の自宅と東京の仕事場を行き来する二地域ワークスタイルなので、栄養状態が万全だとはお世辞にも言いにくい。などとエラソーに語ってるボクにしたって、仕事の手が離せない日は「夕飯抜きでチョコかじりながら原稿書き」なんて、ちょっとした手《て》塚治虫《づかおさむ》状態になりがちだから、やはり健全とは程遠い生活なのだけどね。

そういう背景があるせいか、町中華探検隊はじつによく歩く。そのことを知らない状態で初参加した隊員だと、間違ってウォーキング同好会に入ってしまったかと思うくらい歩くのである。

探検する町は毎回変わるが、行動パターンはほぼ同じだ。集合時間は正午。エリア内の目ぼしい店はあらかじめマグロさんがピックアップし、マップを作成してくれているので、それを頼りに歩き始める。付近の店を見て回る時間は平均で一時間、長いときだと二時間近くにも及ぶ。店が混みだす正午をあえて集合時間に選んでいるのは、町歩きにかける時間を計算してのことだ。何軒もの店をじっくり見て歩き、各人がどこに入るか決める頃にはもう午後一時を回っており、昼時の混雑も一段落ついている。だから、たいていの店にはスムーズに入れるのだ。

マグロさんは店のピックアップにネット情報を多用するが、現地に行くとすでに店を畳んでいた……みたいなケースも少なくない。こういう店を我々は〝町中華遺跡〟

と呼んでおり、遭遇するたびにトロさんは「あちゃ〜、一足遅かったか。これだから町中華探検は悠長にはできないんだよなぁ」と焦りの色を濃くするのだ。

町中華探検隊が歩くのは食前だけではない。食後にさらに相当な距離を歩く場合もあるのだ。「どんだけ歩くんじゃい」と眉《まゆ》をひそめる方もいるだろうが、これが意外と気持ちいいのだよ。食前の歩きは料理の味をいやでも高めてくれるし（空腹は最高のソースである）、食後のそれは丁度いい腹ごなしとなる。トロさんは万歩計を携帯したりするが、このように成果を数値で実感するのも達成感があって楽しいかと思う。ちなみにボクはグループ探検をする際、待ち合わせの刻限の一〜二時間前に現地入りし、周辺の散策をすることにしている。みんなで歩く前に、まずひとりで歩いてみるのだ。これはボクみたいな歩きマニアでないと楽しめない酔狂な遊びだが、仲間と一緒の時だと見えないものが見えてくるし、町中華以外の気になる店に入れたりもするのでおすすめだ。脚力に自信のある方は一度お試しあれ。

中高年の間ではいま散歩ブームが起きているそうだけど、そこに食の要素が加わった町中華探検は〝おっさんホビー〟としての完成度が高いと思う。すでに定番化しているおっさんホビーの両巨頭は蕎麦打ちとお遍路さんだが、その次に町中華探検が加わる日も近いかもしれない。まぁ、たとえ加わらなくてもボクはやり続けますけどね。

【振り返って一言】ボクの現在の町中華探検テーマは「平屋店舗探し」である。愛らしいフォルムを持った平屋がボクは大好きなのだが、それと町中華が合わさったら個人的には最強である。

平屋は最近〝フラットハウス〟という名でブームを呼び、それをリノベーションしたカフェやレストランは「女子ウケする高付加価値物件」となっている。しかし同じ平屋飲食店でも町中華のほうは扱いがまったく異なり、地価の高い商業地域では「非効率店舗の筆頭」として淘汰《とうた》が進んでいる。取り壊してビルにすればフロアが増えたぶんだけ収益が上がるという理屈はわかるが、効率性ばかり追求する昨今の風潮は嫌いだなぁ〜。

文中でボクは甘味中華のことを「風前のともしび度が高い」と書いたが、平屋中華はそれ以上にはかない存在である。「確かあそこは平屋だったはず！」と思い出して行ってみても、たいがいがマンションか駐車場になってしまっている。ボクの新たな探検地域である熱湯エリア（詳細は巻末コラムを参照）にもその傾向はあるが、東京に比べたらまだマシだ。電車の窓越しにそれらしき建物が見えたりすることもあるので、本腰入れればまだ結構見つかりそうである。そちら方面のおっさん諸君、健康的なホビーとして一緒に探しません？

同時に甘味中華も見つかったら、これは最高のラッキーですよ。

出前が支えたサラリーマンの胃袋　北尾トロ

厨房《ちゅうぼう》今昔物語

新宿区早稲田界隈《わせだかいわい》と言えば都内屈指の中密地帯。幅広いエリアに点在し、その数は軽く二桁《ふたけた》を超える。メンバーを募ってのアタックやソロ活動で実態が明らかになってきているものの、いまだ全貌《ぜんぼう》はつかめていない難所である。

ぼくにはこのエリアで忘れられないことがある。マグロと二人だけでまわっていた初期の頃、早稲田大学そばの店に入ったのだ。テーブルも椅子も数十年の歴史を感じさせ、壁には高度成長期から学生たちの胃袋を支えてきたであろうメニューの数々。当時こだわっていたカツ丼やオムライスもきっちりある。空《す》いている時間帯だったのか、客はぼくたちと郵便局員風の男だけだった。料理を店主らしきオヤジさん、フロアを女将《おかみ》さんの二人でまわしている。

すべてが教科書通り、これぞ町中華の典型と言いたくなる店だが、中でも目を引いたのが広い厨房。奥行きがあるのではなく横に長い造りで、ガス台がいくつも並んでいる。客席との仕切りが低いので、料理人のパフォーマンスが丸見え。マグロが言うところの〝劇場型町中華〟（※P205参）だ。

ぼくには不思議だった。オヤジさんひとりで、そんなにたくさん必要なのか。そんなことを口にするとマグロが言う。「今はね。でも昔はきっと違ったんだよ」。あらためて店内を眺めると席数が五〇は下らない。町中華にしては相当広いほうで、満席になったらオヤジさんひとりでさばききれるとは思えない。満席にならないのだ。だから夫婦でやっている。

しかし、この席数がフル稼働していた時代があった。昼時ともなると各テーブル相席でバンバン注文が入ってくる。ラーメン、炒飯《チャーハン》、定食、カレー。それを受け、熟達の手際で調理にかかる厨房内の男たち。うん、どう考えても複数だ。ガス台に沿って横一列に並んでいたに違いない。町中華は食べ終えるのが早いから、昼だけで一回転では済まなかったかもしれない。作っては出し、作っては出しだ。鍋《なべ》を振る音。洗い物をする音。客の話し声。オーダーを告げる声。往年の活気はいかほどのものだったか。

こらえきれずに女将さんに尋ねた。あの厨房、以前はどのように使われていたんですか。

答えは予想を上回るものだった。全盛期には横に四、五人並んで仕事をしていたというのだ。メインの料理人、麺類《めんるい》担当、ご飯やみそ汁の盛り付け担当、皿洗い担当など役割が決められていたらしい。開業した頃、メインの料理人は中国人で、その人から味つけを習いつつ、カツ丼などの和食メニュー、オムライスなどの洋食メニューまでカバーするようになったそうだ。

アタックを重ねた今ならすんなり聞ける話だが、探検を開始したばかりのぼくとマグロには女将さんの話がいちいち新鮮でたまらない。盛り付けのために人を雇うなど、今では想像もできないのだ。

昭和二〇年代に開業したこの店にわんさか人が押し掛けたのは三〇年代から五〇年代前半だろう。日本の高度成長期と歩調を合わせるように店舗数を増やしていった町中華の第一期黄金時代とピタリ重なる（第二期は昭和五〇年代後半〜平成初期）。当時の面影を濃厚に残すこの店は、まるで生きた資料館である。

だが現実は残酷。町中華が安くて腹いっぱいになれる食堂の代名詞だった時代はとうに終わった。その座を奪ったかに思えたチェーン飲食店ですら安泰ではない。店を出ると、近くの弁当屋に学生たちの列ができていた。三〇〇円台でボリューム満点の唐揚げ弁当が人気なのだ。

学生たちの目に映る町中華は、古臭くて値段も中途半端な、魅力に欠ける食べ物屋なのかもしれない。ぼくが学生の頃、総菜を自分で選んで食べる定食屋をそう感じていたように。

二〇一六年の出前体験

「弁当人気はこのところ凄《すご》いよね。中華系でも、チャイナは盛んにやってるじゃない。店頭に並べて売るスタイルで。あれがまたよく売れるんだよ。周囲のチャイナ以外の店も対抗してやるんだけど、安さとボリュームでチャイナに分がある」

ランチタイムにおける弁当ウォーズがいかに激しいものか、マグロが解説してくれた。でも、弁当を並べている町中華は見たことがない。

「そうそう。町中華といえば出前だね。キミもよく食べていたじゃない」

八〇年代前半、マグロとぼくは神保町にあった編集プロダクションで知り合った。仕事が立て込んでいるときは食べに行く時間を惜しんで出前を取ったものだ。選択肢は蕎麦屋《そばや》か町中華。蕎麦屋なら大盛り、町中華なら中華丼がぼくの定番だった。麺類は伸びるから避けていたのだ。ただ、ご飯物がうまいかというとそうでもない。

「キミはおいしそうに食べてたよ」

出前には特別感があるからなあ。出前経験が乏しかったぼくは、店まで行かなくても電話したら届くだけでうれしかったのだ。ただ、あの水滴が……。

「わかる。こぼれないように蓋《ふた》をしてるラップがビショビショになってて」

熱が冷めない効果もあるんだろうけど、あれがキツかった。

「剝《は》がすとき、少し悲しくなるんだよね。でも、考えてみたら出前を頼んでいたのはせいぜい九〇年代の前半までだと思う。歩いていても、昔はよく出前のバイクや自転車を見かけたのに最近はさっぱりでしょ」

出前は今、どうなっているのか。

「そのうちキミの事務所に集まって出前を取ろうよ」

いいねえ、と返事をしたものの、実現までに時間がかかったのは出前のチラシがさっぱり入らなかったからだ。その間、町中華めぐりをしていても出前をしている店は少なく、大半はやめている。理由は簡単。手が足りないからだ。といって、限られた注文のために人を雇う余裕もない。すべては需要と供給のバランス。好景気だった八〇年代後半には、オフィス街の町中華は出前だけで店が成り立ったというが、今では出前といったらピザや寿司《すし》の宅配を思い浮かべる人が多いのではないだろうか。

待望のチラシがポストに入った。マグロと竜に連絡し、出前会の開催を伝える。まぁ、集まって出前を取るだけなのだが、即座に出席の返事。こういうときだけは動きが早い。

実施は翌日の昼下がり。注文したのは餃子《ギョーザ》二人前、炒飯、広東《カントン》麵、焼肉定食だ。餃子の冷め具合、麵の伸び具合を知りたいマグロとぼくに対し、好みを優先して肉メニューを頼む竜。おそらく竜には出前への思い入れがないのだろうとぼくは思った。

三〇分はかかると踏んでいたら、届いたのは一五分後。店からここまで五分で配達したとして、調理に一〇分しかかかってない。圧倒的なスピード感。猛烈なスピードで炒飯を炒《いた》める厨房の熱気が伝わってくるようだ。

出前の人に、食べ終わったらどうすればいいか尋ねると、ドアの外に食器を出せばいいとのこと。システム、変わってない。

「うひょー、ラップ健在だね」

マグロが歓喜の声を上げる。

「ビッシリ水滴がついてますね」

ラップを剝がしにかかる竜が、あれっと言う。スープの代わりなのか、インスタント味噌汁《みそしる》がついているのだった。湯を沸かし、餃子のタレを小皿に入れたら準備完了。いただきます！

う〜ん、これが出前餃子の味です竜さん。水分が出て、皮が若干ベトベトになるんだよね。

「かなり冷めてますね。麵もマグロさんの予言通り伸びてます」

「それを見越してとろみのある広東麵にしたんだけどね。でも炒飯は多少冷めてもイケてます。やっぱり出前だと炒飯の安定感が光るよね」

感想を喋《しゃべ》りながらみるみる平らげ、皿を洗って表に出す。出前の〃今〃を知ることができて満足度の高い調査だった。でも思う。町中華の出前が廃れたのは、ファストフードやファミレス、コンビニの台頭と、ピザを筆頭とする新形態の宅配が要因だと考えられるが、もうひとつ理由があるのではないか。それは味の劣化である。昔を知るマグロやぼくの感覚は蕎麦屋くらいしか対抗馬がいなかった時代のもの。もはや古い。麺の伸びもそうだが、出前で極端に落ちてしまうのは熱さであることを、ぼくは再認識させられた。

アツアツの状態で運ばれてくる料理に文句を言ってはいけないのだ。アツアツは町中華の宝。舌の火傷《やけど》は、危険を承知で宝探しをする腹ペコ野郎の勲章なのだ。

【振り返って一言】 地方都市の町中華でも出前サービスは減っているものの、長年の客がついている店ではがんばって続けている店が東京より多いと感じる。ただし、家族経営で店主が厨房を離れるわけにも行かないため、出前機ではなく、女将《おかみ》さんが車で配達するスタイルになっているようだ。

町中華ブルース　下関マグロ

ついに大試合《おおじあい》が敢行された

半澤くんが「大試合（※P154参照）をやりましょうよ」と言ったのは、二〇一五年の夏の終わりだった。大試合？　いったいどういうことかと聞けば、「多くの隊員で、たとえば堀切菖蒲園のような中密地帯を一気に攻めるんですよ」と言う。ほっほー、それは面白そうだ。秋のうちにできるといいね、と話していた。しかし、なかなか日程が決まらない。隊員が多く集まれる日が決まらぬまま、一二月にずれこみ、ようやく一五日に決行となった。

全部で六名が参加予定だ。当日の午前中。トロより、三〇分遅れるとのLINE。集合時間が一二時から一二時半となる。さらに半澤くんより、さらに五分遅れるとのLINE。集合時間は一二時三五分となる。なんだかなぁと、上野より京成本線に乗り込んだ僕。と、日暮里《にっぽり》駅で僕がいる車両に半澤くんが乗り込んできた。えっ、じゃあ僕も五分遅れか。びっくり。というわけで、一二時三五分堀切菖蒲園駅到着。トロ、増山さん、半澤くん、竜さん。今回はOLのAさんが初参戦だ。なんと有休をとって参加してくれた。ちなみに、彼女は『散歩の達人』の連載記事で探検隊を知り、イベントでトロに声をかけて参加した女性だ。こうして、メンバーはどんどん増えていく。ちなみにAさんは一一号だ。

六人で歩き始める。まずは、前回、訪問した『三河屋』の外観を見る。たしか去年は創業八六年とあったが、それが昭和五年創業に変えられている。なるほど、これなら毎年変えなくていい。堀切菖蒲園駅ができたのが昭和六年なので、その前年にお店が開店したことになる。今回は『三河屋』以外にうかがう予定だ。

まずは『タカノ』。去年は真新しい暖簾《のれん》だった。それが今回は少々くたっとしている。その先にある『来集軒』はもともと歴史を感じるお店だったためか一年経っても変化を感じない。

この日はお休みだった『中華パーラー　光陽楼』。パーラーという響きがなんとも心躍らせる。昨年見たときはランチのセットメニューなどがあり、近隣のサラリーマンの方でにぎわっていた。ちょっと変わった店名の『大八元』。赤いテントが新しくなっているぞ。『中華　大八元』だったが、『中華』が取れて『大八元』だけになっている。『北京』は、前回、トロときたときはお休みだったが、今回はしっかり営業中。実力派な感じの店構え。中国の都市の名前の町中華でも〝北京《ペキン》〟という店名はよく見かける。

逆に日本の昔の国名である『長門』。山口県出身者の店なのか、苗字《みようじ》なのかは不明。こちらはセットメニューが充実している。

『竹葉軒』が、まさかの閉店。トロもびっくりだ。かつては店頭に貼られていたメニューも今はない。けっこう個性的な店だったのだが、残念。ここのオリエンタルライスはずっと気になっていた。実をいうと、今回、僕はここでオリエンタルライスをいただこうかと思っていたのだ。もう食べられないと思うと悲しい気分になってくる。

改めて、昨年の写真をチェックしてみると中華料理の有名人、陳健一《ちんけんいち》氏と店主が一緒に写った写真が貼ってあったり、〝堀切ラーメン〟などの手書きのメニューが貼られていた。堀切ラーメンも食べたかったなぁ。単にお店がなくなるだけではなく、こうした個性的なメニューがなくなってしまうのも残念だ。

道路を渡った場所にあるのが『美山亭』。ここのオムライスはよさげ。『らーめん　あろま』はお客さんそこそこ入っている。『哈爾濱餃子』はお客さんでいっぱい。

さて、ここで各隊員が行きたい店を申告。二店舗行くというトロ、増山さん、半澤くん。おかげで全店を網羅することができそうだ。

トロは、まず『タカノ』に向かった。オムライスを注文。オーソドックスなオムライスだったそうだ。さらにこのあと『らーめん　あろま』へ。去年外観を見たときは、カレーライスがあるから町中華だと言っていたが、今回は「ここは町中華じゃなく、ラーメン店だよ」とがっかりしていた。それでも、味噌《みそ》ラーメンを注文し、完食。

増山さんは、まず『来集軒』でカレーライス、『美山亭』でオムライスを食べた。ちなみに『美山亭』の読み方、ずっと〝びざんてい〟だと思っていたが、増山さんによれば〝みやまてい〟なのだそうだ。こういうのも実際行かないとわからないね。

半澤くんは頑張った。まずは『長門』で塩ラーメンと牛カルビ丼のセットメニュー。その後、『哈爾賓餃子』でピータンと豆腐サラダ、焼き餃子《ギョーザ》を瓶ビールで流し込んだそうだ。とくに焼き餃子はおいしかったとのこと。

竜さんもハシゴかと思いきや、『大八元』のみ。とんかつ定食を食べたようだ。〝食える〟というふれこみで入隊した竜さん、最初の頃こそ大食いしていたが、この頃からあまり食べなくなってしまったのがさびしい。ちなみに、『大八元』で店名の由来を聞いてきてくれた。どうやらお店関係の人の名前からの造語だそうだ。

油流し後、近くにある『立石バーガー』へ寄った。一時よくメディアで取り上げられていたパン屋さんで、手動の自販機が有名なお店だ。お金を入れると、その裏側には人の気配があって、ハンバーガーが出てくる。僕も何度か訪れているが、この日、自販機は作動しておらず、店内で買うシステムだった。竜さん、ロイヤル立石《たていし》バーガーを購入し、その場でバリバリ食べ始めた。食欲は健在のようだ。

Ａさんは『北京』。中華丼と餃子を食べたようだ。すぐに画像がＬＩＮＥにアップされて、隊員みな、おーっとなる。なかなかのボリュームだ。ちなみに、Ａさんは夜も町中華へ行き、まさかのダブルヘッダーだったそうだ。頭が下がる。

そして、未亡人中華へ

この日行ける店は網羅できたので、僕はもう一軒の『竹葉軒』を目指す。実は堀切菖蒲園近くには別の『竹葉軒』があるのだ。しかも、二軒とも看板が似ている。赤地に白文字で『中華料理』、黄色の文字で『竹葉軒』とあった。明らかに系列店だろう。ただし、去年訪れたときは、雰囲気としてはすでに店を閉め、商売をやめてしまっているような感じだった。まあ、ダメ元で行ってみよう。ダメだったら、『三河屋』に行って、チャンポン食べようかな、なんて考えながら歩く。

駅からは一番離れた菖蒲園通り商和会という商店街にもうひとつの『竹葉軒』はある。堀切菖蒲園は、江戸時代から存在し、浮世絵などにも描かれている。駅ができるずっと前から堀切菖蒲園はあって、多くの人が訪れていたのだ。そういう意味ではこの菖蒲園通り商和会はかなり古い商店街なのかもしれない。

店の前までくると、やはりやっている感じはしない。シャッターが閉まっている。

しかし、具体的になにがどうしたかはわからないけれど、去年とは違った印象を受けた。あー、そうか。シャッターが二枚あって、去年は二枚とも閉まっていたのだが、今回は右側が開いている。ちょっと中をのぞいてみようかと扉に近づくと、すっとその扉が開いた。女将《おかみ》さんらしき方が出てきて「やってますよ」とのこと。おお、やってるよ、感動しながら、店に入ると、先客一名。前の道を工事していたのだが、そこの警備員の方のようだ。奥のテーブルに着席すると、女将さんがお茶を出してくれた。

「ひとつしかないんですけど、定食がね」

「あ、いいですよ、それで」

「きょうは、カレーと春巻きなんですけど」

「はい、いいですよ、お願いします」

大型の液晶テレビからは、テレビ東京の海外ドラマが流れている。と、先客の警備員さんがお会計。

「すいません、すいません、ありがとうございます……。風邪ひかないようにね」

と女将が言う。厨房《ちゅうぼう》に戻った女将がしばらくして、申し訳なさそうに僕のテーブルにやってきた。

「春巻きがないんで、鯖《さば》の塩焼きでもいいですか」とのこと。

「ああ、なんでもいいですよ」と僕。鯖の塩焼き、いいじゃないの。テレビは海外ドラマが終わり、懐かしの昭和歌謡のCDを宣伝していた。淡谷《あわや》のり子《こ》の『別れのブルース』や青江《あおえ》美奈《みな》の『伊勢佐木町《いせざきちょう》ブルース』などブルース歌謡がいっぱい入っているコンピレーションCDだ。ああ、そうか、町中華は昭和歌謡のブルースと同じだと思った。本家アメリカのブルースとは全く違った、日本なりのブルースだ。町中華も本場中国の味とは全く違った、日本式の中華なのだ。

しばらくして、料理が置かれる。カレーの入った深皿、ミニトマト四個、鯖の焼きもの、丼《どんぶり》のごはん。

食べながら、「向こうの『竹葉軒』、閉店してたんですけど」と話しかけると、「あそこは、うちの一番弟子がやってたんですよ」と女将。さらに、

「独立するなら、うちの屋号を使ってもいいよ、って、死んだ主人が言って、開業したんですけどね。知らないうちに辞めちゃって」

そうだったんだ。閉店の理由を聞いたがわからないとのこと。ちなみに、こちらのお店の名前の読み方は〝ちくようけん〟だった。

「このお店、長いんですか？」

「ここは昭和四七年に始めたんですよ、主人がね。その主人も四年前に、亡くなってね。タバコをいっぱい吸っててね、肺がんだったんですよ。お客さんもタバコ、気を付けてくださいね」

ご主人、亡くなられてたんだ。去年、ずっと閉まっていたのはそのせいだったんだ。

実はこのお店、食べログなどに情報はない。食べログにあるのは閉店してしまった『竹葉軒』。ただ、商店街のホームページにはお店の情報が掲載されている。そこには今は亡きご主人の写真が出ている。実直そうな方だ。お店紹介の見出しには〝店は客のためにをモットーに〟となっていた。人気メニューは、しそ餃子、担々麵《たんたんめん》、黒担々とある。

「いつ再開されたんですか」

「一カ月前からですね。私ができる範囲で店を開けるようになったんですよ、開けていれば、しゃべりにくる人もいますしね。ただ、以前のように中華料理は無理なので、自分が作れるものを出しているんですよ。お昼は五食くらいかしらね、用意しているのは」

大型の液晶テレビの箱がカウンターの下に置かれていた。なるほど、再開に合わせて液晶テレビを新しく購入したんだろう。そのことを言うと、「そうなんですよ、娘がね」と女将さんはうれしそう。

そんな話を聞きながら食べたカレーは、懐かしい昭和のカレーだ。肉はポーク。大きな固まりがひとつ。特徴的なのはジャガイモと里芋が両方入っているところ。あとはシメジなど。

食べ終えたら、コーヒーが出た。素敵なカップだ。ちなみに中身はインスタントコーヒー。目の前で丁寧にインスタントコーヒーの粉をカップに入れ、お湯をそそいでくれた。このインスタントコーヒーが妙にうまい。じんわりくる、お店だった。定食は七〇〇円。五〇〇円玉一枚と一〇〇円玉二枚を渡す。こうして、お金を直接渡すのも町中華ならではか。電子マネーで支払える場合、ポイントも付くので、僕はたいてい電子マネーを使う。でも、まだ町中華で電子マネーが使えるところを僕は知らない。

「すいません、すいません、ありがとうございます……。風邪ひかないようにね」

さっきの警備員と同じように送り出された。

二軒の竹葉軒のうち、ひとつが店を閉め、ひとつが復活。これって一勝一敗なのか。などと思っていたら、さきごろ、『中華パーラー　光陽楼』が閉店したという話をネットで知った。やはり町中華は減る一方だ。

【振り返って一言】残念ながら堀切菖蒲園の『北京』は店を閉めたそうだ。

ご主人に先立たれた奥さんが、メニューを絞り込んで営業している町中華はけっこうある。奥さんならではの得意メニューを加えて出すところもあって、魅力的だ。そのため僕も未亡人町中華を見つけたら、できるだけ訪れたいと思っている。一度行ったらできれば定期的に訪れたい。続いていることにホッと安堵《あんど》する、それが町中華だ。

町中華用語集③

MCT（えむしーてぃー）

半澤隊員が提唱する町中華探検隊の略称。いっときは多用されたが、「ネットで検索すると全く無関係なものが出てきてしまう」などの理由によって、最近ではすたれ気味。さらに「MTC」と誤って書かれることもあって、浸透度はイマイチ。竜超は『ウルトラマン』の科学特捜隊の略称「科特隊」のイメージで「町華隊」を推したいが、メンバーのウケは悪そう。

大試合（おおじあい）

言い出したのは半澤隊員。年に一、二回ペースで行われる大規模中密地帯探検を指す。エリア内の全店制覇を目指し、開催時には全隊員に招集をかけるが、期待するほど集まらないことが多い。結果、参加者は複数店の食べ歩きを余儀なくされるため、今後の改善が望まれる。

ソロ活動（そろかつどう）

隊員単独で行う町中華探検のことを言う。集まって行う「グループ探検」もあるが、そちらは平日の正午集合なので参加可能者が限られる。ゆえにメインはソロ活動だったりする。「地域ローラー作戦」と呼ばれる、各人に担当地区が割り振られた任務的ソロ活動もあったが、真面目に遂行したのはマグロのみ。

第四章　炎の町中華

センチメンタルな町中華　下関マグロ

小岩《こいわ》の住宅街にかっぱを見た

テレビのCMが、自分とかかわりのないものばかりになったと感じていた数年前の夏。尿漏れパッドのCMを見て、ああ、これはこれから必要になってくるのかもと思った。トイレに行こうとして立ち上がると、少量だが出てしまうことがあるのだ。とはいえ、まだ尿漏れパッドは必要ない、そう自分に言い聞かせていた。

ところが、ある夏の暑い日のこと。散歩取材に出かける前に熱中症になってはいけないと、麦わら帽子をかぶり、大量の水を呑《の》んで出かけたのだが、炎天下を一時間も歩いた頃、激しい尿意が襲ってきた。こ、これはいかん。公園を探そうと思ったが、場所は住宅街で、どこに公園があるのかわからない。スマホの地図をたよりに住宅街を走るも、すでにちょろりちょろりと出てくるではないか。歩みを止めたとたん、さらに少し出てしまった。そこから、なぜか抑えがきかず、かなりの量を出してしまったのだ。初めての経験で自分でも驚いた。年をとるというのは、こういうことか。いや、暑い日差しのせいだと自分に言い聞かせた。幸い、猛暑の日で歩いている人など誰もいなかった。ふらふら歩くと、やっと公園を見つけた。やはり公園にも誰もいない。トイレでズボンとパンツを洗った。真夏のことなので、よく絞って着用すれば、すぐに乾きはした。

二〇一五年の夏。この日も暑かった。探検隊の小岩アタック。少し前に買った日傘を持ち、もしものことがあってはいけないと、僕は鞄《かばん》の中に替えの下着を入れて参加した。

この日は、僕と増山さん、半澤くんの三人。もともと小岩に知っている店があるという半澤くんの提案で小岩にきたのだ。猛暑の日で、早々に行きたい店をそれぞれが決め、三人とも別々の店に入ることにした。僕が選んだのは『かっぱ』という店。この店のことはネットで知り、以前から行きたいと思っていたのだ。

商店街から道をそれ、こんなところにお店はあるのかというような住宅街を行くと、忽然《こつぜん》と店が現れた。赤い小ぶりの看板には『中華軽食　かっぱ』とある。なぜ、『かっぱ』という名前なのか気になる。写真を撮っていると、通りかかった初老の男性から「なにか探しているの？」と声をかけられる。「あ、このお店を探していたんですけどね、見つかりました。ここおいしいですか？」「ああ、おいしいよ。昨日もきた」とのこと。年格好では僕より一〇くらい上だろうか。と、自転車でやってくるお客さんもいて、けっこう繁盛店のようだ。

お客でいっぱいのようなので、店の周辺を少し歩いてみた。本当に周囲は住宅街だ。江戸川《えどがわ》区南小岩あたりは木造家屋も多く、木密地域だ。ひとまわりして再び『かっぱ』の前。炎天下の中、歩きまわったのでここは冷やし中華かな。表の貼り紙を見ながら店内へ。先客四名。高齢のご夫婦で営業されているようだ。四人掛けのテーブルが二つ。二人掛けのテーブルが一つ。厨房《ちゅうぼう》を仕切るようにカウンター席。奥の四人掛けのテーブルには常連らしき女性客がいて、テレビを見ていた。カウンターに男性客が二人と、カウンター後ろにある二人掛けテーブルに男性客がひとり。空いている四人掛けのテーブルを案内されたが、グループ客がきたら嫌なので、カウンターの一番奥へ着席。カウンターの客は二人が冷やし中華を食べている。うまそうだ。すぐ隣にあった二人がけの席に座っている男性が、チキンライスらしきものを食べている。それもうまそうだ。よく見れば、先ほど店の前で「昨日もきたよ」と言っていた男性だ。今日もきたのか。声をかけていいものやら、迷う。そしてメニューにも迷う。

「ダンナさん、なににします？」と厨房のご主人が声をかけてきた。「あうあう、どうしよう」と迷っていると、優しく「ゆっくり考えてください」とおっしゃる。

しばし考え中。やはり、先ほど店の前で「昨日もきたよ」という常連客の男性が食べているものにのっかろう。ここはチキンライスに。いや、まてよ、見た目はチキンライスだけど、ひょっとしたら、違うかもしれない。ここは確実にいきたい。厨房のご主人に「あれ、ください」と二人掛けのテーブルにかけている男性を指さした。

「ああ、チキンライスですね」とのこと。チキンライスでよかったんだ。

さっき店に入るときにチラッと見えた女性客の姿はここからは見えないが、声が聞こえる。店内のテレビを見ながら「あらー、トルコで三〇人も亡くなったって、かわいそうね」と女将《おかみ》さんに話しかけている。

店内にはこの女性客の声だけが響き渡り、他の男性客は黙々と食べている。そして、カウンターのもうひとりの男性のラーメンができあがるも、女将さん、足が悪いのか、体がうまく動かないようで、提供するのも大変そうだ。再び、「こっちへ移ってもらえませんかね」と言われ、素直に従う。厨房から近いテーブル席のほうが食事を運ぶ負担が少ないようだ。

あらためて、メニューを見た。ラーメン四五〇円は安いな。さっきの男性客に提供されたラーメン、かなりよさそうだった。他にもおいしそうなもの多数。奥の席の女性が話しかけてきた。この席からは対角線上になる。

「まだお若いでしょう、何年生まれですか？」

「三三年生まれですね」

「いくつ？」

「えっと、五七歳です」

ややあって、

「私はね、昭和五年生まれですから」

ちょっと驚く。もっと若く見えるからだ。

「どこから、来られたの？」

「浅草からきました」

「へーっ、じゃあ、江戸っ子ですね」

「え、ここも江戸でしょ」

「ここは江戸っても端っこ。小岩村だし」ちょっと間があり、

「あなた、元々は違う場所で生まれたんでしょ」

とおっしゃる。鋭い。

「はい、生まれたのは山口県です」

そんなことを言っているうちに注文したチキンライスが到着。実にオーソドックス。

今どきは珍しいメロン型のカップでケチャップライスが固められている。

「写真撮ってもいいですか？」

「え、なに？」

「カメラで撮っていいですか？」と女将さんにデジカメを見せる。

ついでに、女将さんにカメラを向けると、ちょっとおどけた表情をしてくれた。

でも、シャッターは切らなかった。そして、チキンライスを撮影。

「私はね、昭和九年生まれなんですよ」と女将さん。「ああ、僕の母親と一緒ですよ」

そう言うと、なんだかとても複雑な表情になった。

「ここは商売されて何年くらいですか？」

「もう五〇年以上ですよ」

女将さんはそう言うと、厨房へ。チキンライスを撮影し続ける僕に女性客は、

「それは特別なカメラでしょう？」コンパクトカメラを見てそう言う。

「普通のデジカメですよ」と答える僕。

「歩いてきたんですか」

「電車できましたよ。もっと涼しいと歩くのもいいんですけどね」

「お知り合いをたずねてこられたの？」

「いや、こちらのお店にくるのが目的でやってきました」

ここで、女将さんが「熱いですから気をつけて」とスープを持ってきた。

「何年生まれですか」と女将さん。

「昭和三三年生まれですよ」

「で、いくつ？」

「五七歳です」

「若いわよねぇ。見た感じ、お髭《ひげ》なんかの感じからするとあれだけど、若いわよ」

もっと老けて見えるということだろうか。

「三五年にね、私子どもができたんですけどね、すぐに死んじゃったの」

僕を見て、思い出したように言った女将さん。三五年というと僕の弟と一緒だ。

「生きているとね、いろいろなことがあるわね」となんとも重い言葉をさらりとおっしゃる。

「なんで、『かっぱ』っていう名前なんですか？」

「それは、主人が修行していた先でね、独立するという話をしたら、そこの大将が『店の名前にしなくてもいいから、なにか河童《かっぱ》の置物とか、河童に関するものが店にあると、客が絶えないよ』って言われたんで、それをそのままお店の名前にしたのよ」

「いい名前ですよね。僕は浅草のかっぱ橋《ばし》からきたんですよ」

「あー、私たちもこういう商売だから時々、かっぱ橋へは行くんですよ、で、領収書をもらう時に『かっぱ』っていうと、『あら、まあ』って驚かれるのよ」

「ここは、創業というか、商売を始められたのはいつです？」

「昭和三四年なんですよ、私が二四のとき」

奥の女性客が

「写真が趣味なんですか？」

「はい。好きで撮ってますね」

「おたくは何年生まれ？」

「三三年生まれです」

「おいくつ？」

「五七歳になりましたね」

「歩いてきたの」

「いえ、電車ですよ」

何度もループする質疑応答もなんだか楽しい。

こんな話をしながらスプーンを入れたチキンライスは、見た目ほど味は濃くない。むしろ薄味か。よく炒《いた》められており、少しべったりしている。キャベツの千切りにマヨネーズ。薄味のチキンライスだから、マヨネーズの味が強く感じる。スープもけっこう薄味だ。ただ、鶏肉《とりにく》は小さくカットされたものがたくさん入っている。

冷やし中華の男性客が会計をして出て行く。チキンライスの男性客がお会計をするときに目が合った。すかさず、「ここのお店、教えてくれてありがとうございました。ほんと、おいしいですよ」と言う。

「ああ」とこちらを認め、ニコッと笑ってくれた。男性が出て行くと、女性客、女将から同時に質問が飛んでくる。

「あの方、お知り合い？」

「知り合いじゃ、ないです。さっきお店の前でここはおいしいと教えてくれたんです」

女性客が聞く。

「あなたは、こうやって、食べ歩いて、それが道楽なの？」

「まあ、そう言われればそうですけど」

「まだお若いから働いていてらっしゃるんでしょ？」

「はい。自由業ですね」

お二人がきょとんとしているので、

「モノカキですよ」と続けた。

「写真が仕事？」と奥の女性客。

「絵を描いてらっしゃるの？」と女将《おかみ》さん。

厨房《ちゅうぼう》の奥からご主人が

「物書きだよ、物書き」

奥の女性客が

「小説？」

女将さんが、

「そういえば、あの芸人さん」

「芥川賞《あくたがわ》のね？」

「あの人も変わってるわね。でも、大変なことね、芥川賞」

「ダンナさん、芥川賞は？」

なぜ、そういう流れになるのかわからない。

「芥川賞はとってません」

一瞬の沈黙の後、奥の女性客がまた年齢を聞いてくる。同じやりとりを途中まで繰り返すと「ああ、そうだったわね」とようやく気がつく。恥ずかしそうに笑いながら「私もね、こうやって、夕涼みがてら、ずっといさせてもらっちゃって。あら、やだわ、夕方じゃないのに」と再び笑った。

ラーメンの男性が会計。「どちらから」と女将さんが男性に聞いている。三〇代くらいの男性客は「北小岩です」と言った。「京成線のほうね。暑いから気をつけて」と送り出す。

僕も会計をした。会計はご主人がおこなっているようで、一〇〇〇円札を渡すと一〇〇円玉を四枚くれた。

外に出ると、うだるような暑さ。そうか、前の東京オリンピックの少し前に創業したのか。次の東京オリンピックはどうだろうか、などと考えながら歩いていると、涙がポロポロこぼれてきた。暑さのせいで小便が止まらないように、涙が止まらない。町中華は劇場だ。

【振り返って一言】 訪れた『かっぱ』はネットの情報によれば店を閉めてしまったとのことだった。あの日撮影した画像を見返してみると、看板、メニュー、皿に電話番号があった。かけてみると現在使われていないというアナウンスが流れる。閉店していたようだ。さびしいね。

知らない街で、ネットの情報など見ずに外観の気に入った町中華に入ってみる。そこにはエンターテイメントが随所にあるはずだ。どうしてこんな店名なのだろう。食品サンプルはあるのか。メニューの最初には何が書かれているのか。先客たちは何を食べているのだろうと見るだけでもわくわくしてくる。

味は普通なのだけれど、いつも流行《はや》っている店があったりして、何度か行っているうちに、そこのご主人の会話術のおもしろさが、人気の秘密かもしれないと思ったりする。いやいや、ご主人の会話術もすごいけど、この定食についてくる、女将さん自家製の糠漬《ぬかづ》けが旨《うま》いからじゃないか、そういうことを考えるのもお楽しみのひとつだ。

ボクの町中華哲学　竜　超

町中華の魅力は並レベルの味

〆となる本章では、町中華探検隊で一年過ごしたおかげでわかったことについて語ろう。そうなんじゃないかな、と入隊前から薄々感じていたが、探検を続ける中で、やっぱりそうだったんだな、と確信できた事柄である。

以前、イラストレーターをしているあきやまみことという餃子《ギョーザ》マニアの女性隊員が探検隊ブログに、町中華の本質を突いた〝金言〟を綴《つづ》ったことがある。餃子がイチオシの店で自慢の一品を食べたときの感想だ。

「普通においしいけど、お店を出たら忘れちゃう味かなぁー」

そうそう、そうなんだよ。食べた瞬間に「あ、うまい」と思わされるレベルの料理には割と出くわすんだけど、脳にしっかり刻まれて「また行きたい」と思わされるほどの美味に出会えるチャンスとなると皆無に近いのだ。店を出て数分すると「あれ？どんな味だったっけ？」となり、生活圏内にある店とかでもない限り、再来店する可能性は極めて低い。

町中華メニューのうまさというのは、あくまでも〝並レベルのうまさ〟なのである。決してまずくはないけど、絶賛するほどうまいわけでもない。端的に言うなら、可もなく不可もない。これが町中華なのだ。こういう店が、おそらく全体の九割（残り一割は、並はずれてうまい店とまずい店）を占めている、とボクは睨《にら》んでいる。

他の隊員が「すっごくおいしい！」と絶賛する店に行ったことが何度かあるが、ボクの評価はどれも〝並の上〟だった。彼らとボクの間で温度差が生じたのは、うまさというのが物理的要素だけで構成されてるものではないからだろう。ボクらが感じているうまさとは「料理の味＋味以外の魅力」でできているのである。お気に入りの場所で食べた、好きな相手と一緒に食べた、そういうシチュエーションだと、たいしたことない物であっても非常においしく感じるでしょ？　それと同じ理屈だ。

ボクを案内してくれた隊員はたぶん、その店への愛を加えた味を「すっごくおいしい」と評したのだろう。けれども一見《いちげん》さんであるボクには店への愛とかはとくになく、ただ純粋に味だけで判断したので「う～ん、並じゃない？」と素っ気ない感想になってしまったわけだ。逆に、ボクが「すっごくうまい！」と思う店に彼を連れて行ったとしても、相手はそこに思い入れがないから「ま、並の上くらいだね」と言われてしまうことだろう。

ボクは別に悪口を言っているわけではない。並レベルのうまさであるからこそ、町中華は町中華であり続けられるのである。もしも脳に刻まれちゃうほどの美味が作れたら、高級飯店に転向しちゃうだろうからね。いや、ボクだったら絶対そうしますわ。

並レベルのうまさであることの利点はまだある。人気店につきものの〝行列〟が、基本的にできないのだ。ランチタイムでもない限り、並ぶことなくスッと入れて、サッと食べて出てこられる。気が短いボクにとって、これはかなりポイントが高い。長時間並ばないと食えない超美味よりも、並ばずに食える並レベルのうまさのほうが断然いい！　こう考えるタイプは決してボクだけではないだろうし、そういう人にとって町中華はベストパートナーなのだ。

まずさも個性になれる奥深さ

並レベルのうまさが九割方を占める町中華だが、ごくたま～に〝残り一割〟のほうに属する店に当たる場合もある。

東京の郊外まで探検に出かけた際、ボクらは幹線道路沿いに建つ古びた町中華に一目惚《ひとめぼ》れをした。歴史の重みを感じさせる佇《たたず》まいも、風にそよぐ暖簾《のれん》のくたびれ具合も、高齢ながらもキビキビとした店主の立ち居振る舞いも、すべてが素晴らしいのだ。その店はメニューが豊富で、ボクたちはうまそうなものを片っ端から頼んだ。だが、運ばれてきた料理を口にした瞬間、全員の顔色が一変した。

うまくない。というか、かなりまずい。さほど難しい料理じゃないはずなのに、どうしてこんな仕上がりになっちゃうんだろう。言っちゃ悪いが、ボクが作ったほうがはるかにマシだぞ。おまけに、その店の料理はどれも安くない。ぶっちゃけ〝お高め〟の部類である。同じ料理が、大手チェーン店に行けばずっと安く食べられるし、はるかにうまい。完全に地雷を踏んでしまった我々だったが、その後の油流しの雰囲気はいつもよりも明るかった。

「いや～、まずかったなぁ」

「ホントにひどかったですねぇ、あの味」

「全部食いきれるかどうかヒヤヒヤしたよ」

「誰だよ、あの店にしようなんて言ったやつは」

こんな会話をしたのは当然の流れだが、それは決してさっきの店を否定するものではない。うまくないのに何十年も営業できている点を、むしろリスペクトしてるのだ。

常識で考えれば、寿命の長い店というのは〝うまい〟か〝安い〟のどちらかである。でもボクらの入った店は、その両方とも落第レベルなのにしぶとく生き残れている。あの店の常連たちは、たぶん「まずさも個性のひとつ」ととらえているのだろう。その思考は町中華探検隊のスピリッツと共通している。店屋物にうまさや安さを求めるのが人の常のはずなのに、あまりうまくなく、さほど安くもない代物を、わざわざ交通費をかけて食べに出かけているボクたち。けれども、そこに苦行感などはみじんもない。ボクらは様々なマイナス要素も含めて町中華探検を楽しんでいるのだ。

選んで入った店が感じ悪くてもアッハッハ、死ぬほどまずかったとしてもアッハッハで、油流しの席はいつだって笑いにあふれている。これこそが町中華探検隊の最も素敵なところだとボクは考えるのだが、世間から見れば単なる「奇人変人の集まり」かもしれない。

たとえばトロさんは化調が苦手で、食後にしょっちゅう「あ〜、舌がビリビリする」とか愚痴ってるクセして、どこかでそれを楽しんでる節がある。町中華というのは戦後の、日本が最もケミカルだった時代（怪しい甘味料や着色料がバンバン使われてた頃）に繁栄したものだから「町中華の味＝化調の味」といっても過言ではない。それを承知のうえで、トロさんは嬉々《きき》として出かけていくのだ。マゾか。

そんなトロさんを凌駕《りょうが》する〝大マゾ〟もいる。若手隊員の半澤則吉である。情報提供者が「ここは掛け値なしにまずいですよ」と忠告してくれた店へあえて飛び込み、いかにひどかったかを油流しの席でニタニタしながら解説するのだから、もう、そういう性癖なのだと納得するしかない。

最も特殊な性癖を持っているのがマグロさんだ。町歩きのプロである彼はかなりの店情報を有しているのに、事前には一切教えてくれない。で、店選びに失敗した時に「ダメでしたよ」と報告すると、ウヒャヒャヒャと笑いながらこう言うのだ。

「でしょ〜、あの店、すっごくまずいんですよ」

えぇ〜！　知ってたんなら最初に教えてよ、と恨み節のひとつもぶつけたくなるが、しかし町中華探検は「自立した大人のホビー」なのだ。地雷を踏みたくなかったら、ヤバい店を見極められる眼力を自分で養うしかない。

でもじつは、マグロさんに「でしょ〜」と言われるシチュエーションを楽しんでる部分がボクの中にもあったりする。そう、ボクもまた、トロさんや半澤くんを笑ってられないマゾ野郎なのだ。グループ探検日、「今日はうまいものに当たるといいなぁ」と願う一方で、「クソまずい店に引っかかって、油流しの笑いのネタがとれたらオイシイな」と密《ひそ》かに思っているのである。この心理、他の少なからぬ隊員たちも共有していたりしてね。

うまい店に行けるが勝ち、まずい店に当たったが負け、ではないところが町中華探検の奥深さなのである。とはいうものの、やっぱり地雷を踏むのは半期に一度くらいに抑えときたいなぁ。

【振り返って一言】単行本に書いた「味にこだわらない」という姿勢は今もまったく揺らいでいない。味のほうは並レベルで十分。こだわるのは料理ではなく、あくまで〝店〟なのである。「料理ではなく店を味わう」なんて、なんかシロアリみたいだけどね。

ボクは最近、町中華情報を収集する際にはこのように訊《き》いている。

「この辺に〝古くからやってる安い中華屋〟ってありますかね？」

これはどのジャンルでも言えることだが、「リーズナブルプライスの長寿店＝良店」なのだ。お手頃な価格設定を維持しつつ長期営業できているのは「薄利多売が成立するほど地元民に愛され賑《にぎ》わっている」からなわけで、そこへ行っとけばほぼ間違いないのである。逆に最大の愚問は「おいしい店を教えて」で、こう訊いて成功した体験はボクにはない。単行本で書いているように〝おいしい〟は個人の思い込みの世界なので、他人の「おいしい」と自分の「おいしい」が完全一致する道理がない。

そもそもの話だが、店の良し悪しを「おいしいか、まずいか」だけで決めてしまうなんてもったいない話である。ボクらほどの〝味マゾ〟になる必要もないが、ときにはランキング系グルメサイトの評価から離れて店選びをするのも楽しいよ。たまにだったら「地雷を踏む」のもサプライズイベントみたいで面白いのだ（さすがに「いつも」じゃボクも音をあげるけどね）。

化調風月　北尾トロ

『伊峡』のカウンターで早ワザを見る

半チャンセットで有名な神保町の老舗《しにせ》町中華『伊峡』のカウンターに座り、タンメン＋半炒飯《チャーハン》のセットを頼んだ。ここはカウンターのすぐ向こうが厨房《ちゅうぼう》になっていて客席から丸見え。調理パフォーマンスごと楽しめる、マグロ曰《いわ》く〝劇場型中華〟の店である。ぼくの席はガス台の真正面。熱気ムンムンの特等席だ。

今日は探検隊活動日。七名で神保町界隈《かいわい》の店を一回りし、それぞれ行きたい店に向かった。町中華好きが集まる探検隊だが、惹《ひ》かれる店がそれぞれ違うのが興味深い。この日も各自の欲求に従って店を決めたら見事にバラバラになった。マグロはカレー炒飯狙いで『三幸園』、竜はやたらコスパのいいチャイナ、いつの間にか誕生した〝探検隊女子部〟は餃子《ギョーザ》を追っている。半澤はなぜか鼻息荒く大盛店に突撃した模様。

ぼくは『伊峡』と決めていた。『さぶちゃん』『成光』とともに〝神保町半チャン御三家〟と称されるこの店に行ったことがなかったのだ。神保町には魅力的な店がたくさんあるため、ついつい後回しになっていた。しかし、神保町で開催される『散歩の達人』のイベントに探検隊が出演することになり、『伊峡』未体験では話にならんと慌てて食べに行ったのだ。

店内は混んでいて時間がかかりそうだが、調理風景を見られると思えばむしろラッキーである。店は店主夫妻と息子さんの三人でまわしているようで、料理は店主、フロアを女将《おかみ》さん、調理や会計の補助全般を息子さんが受け持っている。家族経営は現在、もっともよく見られる町中華のスタイル。食べ終えた客をレジに誘導しつつ、新たな客を空いた席にスムースに案内する女将さんの流れるような接客技術に惚《ほ》れ惚《ぼ》れしてしまう。

店主は無口。女将さんが伝えるオーダーが耳に入った一瞬だけ表情が動くが、いつもの味を提供することに専念している。〝劇場型中華〟では客と調理人の間を遮るものがなにもないため、おのずと型が決まってくるのだ。サービス心から無理なパフォーマンスをしたって何十年も店を張れない。そもそも客はそんなの求めてないし。

『伊峡』の店主は普段から無口な人だと思う。

オーダーの大半はセット。店主は麺類《めんるい》と炒飯を交互に作ってゆく。麺類は息子さんがサポートに入ることもあるようだ。ようだ、と書くのは、ぼくの目が炒飯作りに奪われていたから。長年やっている店はどこもそうだが、動きにリズムがある。『伊峡』の店主が見せるパフォーマンスはあくまで渋く、中華鍋《なべ》の振りも軽くやる。それでいて別々に投入された具材と白飯がすんなり融合して短時間でまとまる手際のよさ。簡単そうな手つきだけれど、自分がやれば絶対にこうはいかないよなあ。

　そんなことを考えながらセルフサービスの水を飲んでいたときだ。炒飯の仕上げにかかった店主の手が棚にスッと伸びたかと思うと、スプーンでなにかをすくって鍋にまぶし入れた。

　白い粉……化調だ。

　ただ、分量がよくわからない。化調は料理に旨味《うまみ》を与えるが、入れ過ぎるとしつこくなり、食べたそばから舌がピリピリしてくるのだ。そんなところも含め、ぼくは町中華で多用される〝魔法の粉〟がどう使われるのか興味がある。もう一度よく見たい。次のチャンスを待つ。

　炒飯作りが始まった。具材の炒《いた》め完了。ご飯投入完了。カタンカタンと鍋がガス台に当たる音。そろそろだ。化調がくる。

　店主の手が鍋から離れた。カラダがわずかに傾き、左側の棚に置かれた化調入りカップに両手が伸びる。左手でカップを持ち上げ、右手でスプーンを握った。

　そこまではははっきり見えた。しかし、次の瞬間に起きたことを、ぼくの目は正確にとらえ切れなかった。スプーンは粉を搔《か》き出すように二度動いたと思う。スピード感としてはチャチャだ。パッパとかチャッチャではない。

それですべてだった。店主はすぐにカップを戻して炒飯に化調を行き渡らせ、用意された皿に盛りつける。いつもの、平均的な仕事と言っていいだろう。

たまげた。まるで早撃ちガンマン並みである。映画『シェーン』で、アラン・ラッドは銃をホルダーから抜いて撃つまでを〇・六秒でこなしたと言うが、店主の化調撃ちはそのレベル。正確無比に二発、鍋に撃ち込まれる。刮目《かつもく》すべきは、それが目分量という点。炒飯作って数十年の店主だからこそ可能な高度な技だ。

化調が起こした〝中華革命〟

化調と言ったら味の素。日本のみならず世界中で使われ、ことに東南アジアでは抜群の人気を誇っている。味の素ＫＫのサイトにある年表によれば、味の素は明治四二年に一般発売を開始し、一世紀以上の歴史を持つ商品。戦前はむしろ海外事業が中心だったが、昭和二五年に国内販売の統制が外れるとともに、徐々に人気を高め、ラクに味を調えられることから一般家庭でも盛んに使われるように。当然、町中華でも取り入れられた。

昭和三七年には同社からハイミー（発売当時はハイ・ミー）が新発売。味の素以上にコクと旨味が凝縮された便利な商品で、町中華のモットーである、〝安くてうまくて腹いっぱい〟を叶《かな》えるために、化調の使用は欠かせないものになってゆくのだ。元来、油や塩をたっぷり使う中華料理は強い食べ物だが、化調投入でさらにパンチが効かせられる上、味がまとめやすくなる。

一般家庭もそうだった。ぼくが子どもの頃は食卓に味の素やハイミーが当たり前の顔で置かれていた。家メシからしてそうなのだ。昭和三〇年代生まれは化調で育ったと言っても大げさではないだろう。日本中が化調に夢中だったのだ。

町中華の歴史において見逃すことができないのは、多くの店が使うことでもたらされるベーシックな味が確立したことじゃないだろうか。ぼくたちが町中華を食べたときに感じる懐かしさの正体は化調にあると思う。

昭和二〇年代にも町中華はあったけれども、世間の認識としては、ラーメン屋であったり中華食堂であったり、なんとなくボンヤリしていたのではないか。戦後になって勢力を伸ばし始めた町中華だけに、味に関しても店ごとにばらばらで、ラーメン中心のところもあれば、カツ丼など和食メニューを取り入れるところ、洋食をやるところと、業界全体が試行錯誤の最中だったと想像するのは難しくない。なにしろ個人経営の店がほとんどだったのだし、情報もかぎられたエリアのものしか入手できない。ラーメンで一旗揚げてやろう、中華が将来性あるぞと意気込んではいたものの、実情としてはみんなが手探り状態。絶対的なメニューだってラーメンくらいのもので、それでさえ、ラーメンという言葉が定着する前だったから中華そば、支那《しな》そばと表記されがちだった。

客だって同じ。町中華に対するバシッとしたイメージなんかなく、大衆的な中華料理を提供する店といった認識。うちの近所、勤め先の近所で好みの店を押さえていればそれでよかった。こうした地域を絞り込んだ考え方は愛着心を育て、〝ここは自分の店＝自宅の延長〟という土着性の基礎になったと思われる。

そこに颯爽《さっそう》と登場したのが化調であり、それがまた町中華にドンピシャで合う。〝中華革命〟が起きたのである。

それは、発展途上だった町中華に、おそらく初めての統一感を与える存在だった。これだ！　各店主は湧きたつ気持ちになったと思う。こぞって使う。もうバンバン入れる。客もここに至ってようやく、町中華ってこんな味、という手ごたえをつかんだと思う。そこから先は熱狂の時代だ。猫も杓子《しゃくし》も味の素にハイミーだ。それほど修業しなくても、出汁《だし》がうまく取れなくても、〝魔法の白い粉〟があればなんとかなる。安易な考えからレベルの低い店も生まれたことだろう。でも、ブームとはそういうもの。もしも化調がはやらず、〝中華革命〟が起きなかったら、町中華はチェーン飲食店に客を取られ、とっくに廃れていた気がする。

時代は変化し、化調の全盛期は過去の話になった。食卓に、醬油《しょうゆ》や塩と並んで化調の小瓶が置かれた家は消え、合言葉はヘルシーに移り変わった。でも町中華はあんまり変わっていない。基本だから、化調が。

ちなみに、化調時代が始まる前に味を確立した店には、ブームに乗ることよりも、オリジナルの味を守る方向に動いたところもある。戦前から昭和二〇年代以前に誕生し、今でも第一線で頑張っているような店は、スローガンなど掲げなくてもヘルシーな味つけである。古くからやっている店へ行き、ここは革命をどうとらえたか考えることは、ぼくのひそかな愉《たの》しみになっている。

【振り返って一言】 取材に伺って話を聞くと、スープなどの基本は創業時から変わっていないが、味付けの濃さやしょっぱさは、時代を反映して抑えめにしている店がけっこうある。店主が「これだ」と思う味付けはそうそう変わるものではないので、そうした変化は代替わりのタイミングで起きることが多い。「味が変わった」と客が離れないよう、少しずつ微妙に変えていくらしい。あとは常連からの指摘。開業三〇年の店には通い始めて三〇年の客がいる。強すぎる味は、高齢化した常連にとってもキツイのだ。

町中華ズンドコ節　下関マグロ

個性的なメニューたち

町中華は〝いっぽんどっこ〟だと述べたが、店主たちは自分の店を自分が思うように作り上げている。メニューもそのひとつなのだ。町中華をめぐるうち、いくつか面白いメニューに遭遇した。

市ヶ谷《いちがや》にある『らーめんかわかみ』には、〝ホンコン飯〟というのがあった。キャベツと豚バラを甘辛い味噌《みそ》で炒めた、回鍋肉《ホイコーロー》的なものがご飯にかかっていて、その上に目玉焼きがのっかっている。香港《ホンコン》で食べられているのだろうか、んなぁこたぁない。天津《てんしん》で天津丼が食べられていないのと同じ。イタリアのナポリでナポリタンが食べられていないのと同じことだ。

そうそう、ナポリタンといえば、すでに書いたが、田端の『昇龍』の人気メニューがナポリタンだった。このとき、トロはカツ丼。そして二人で餃子《ギョーザ》も食べた。餃子、カツ丼、ナポリタンがテーブルに並ぶ様子、これは、あ、そうだ、子どもの頃家族で行ったデパートの食堂だ。和洋中なんでもあった。町中華の面白さは、カレー、カツ丼、オムライスなど本来は中華ではないメニューを大胆に取り入れているところではないだろうか。

和のメニューも普通にある。これもすでに書いたが、『復興軒』の〝やっこ定食〟などがその代表だろう。また、別の店だが、焼き魚定食を出しているところもあった。さらに、町中華の定食に冷奴《ひややっこ》、納豆、味付け海苔《のり》などがつくケースもよくある。中華といいながらもしっかり和なのが、なんとも町中華っぽい。

海外のメニューもある。たとえば、ナシゴレンというメニュー。ナシゴレンというのは今は割と知られている、インドネシアやマレーシアの炒飯《チャーハン》だ。ビジュアルとしては揚げたお餅《もち》が添えられていたり、炒飯の上に目玉焼きがのっていたり、野菜などが添えられたりして、彩りが鮮やかなメニューだ。このナシゴレンを出している町中華がある。新御徒町の『幸楽』だ。さっそく行って食べてみた。

こちらのナシゴレンはいたってシンプル。値段は六五〇円。ビジュアルはちょっと赤みがかった炒飯といった感じだ。エスニック系の食堂で出されているワンプレートにいろいろとのっかっているナシゴレンとはかなり違う。食べてみると、甘辛い感じは、ナシゴレンだ。サンバルかケチャップマニスが入っているのかもしれない。正直、よくわからないが、言えるのは、初めて食べる味だということ。悪くはない。いや、うまい。あとから入ってきた、若いサラリーマンが「ハンナシ」と注文している。あっという間に出てきたのは、半ナシゴレンとラーメンのセット七五〇円。こちらのナシゴレン、ラーメンに合うかも。その後も多くの客がナシゴレンを注文している。こちらの人気メニューのようだ。

多様な東京チャンポンを味わう

町中華メニューでナシゴレンは珍しいが、けっこうあるのが〝チャンポン〟だ。増山さんが加わった頃のこと。彼女が、衝撃の話を教えてくれた。西荻窪の『大宮飯店』のご主人が、チャンポンを見たこともないのに、自分の想像だけで作ったというのだ。これは食べたい。ちなみにこちらのお店、『散歩の達人』西荻窪・荻窪特集で取材した店だ。

というわけで、『大宮飯店』。メニュー名は〝ちゃんぽん〟とひらがな表記。七五〇円だ。増山さんから話を聞いて食べたくなったと告げると、ふん、ふんと頷《うなず》くご主人。で、カチャカチャと卵をといている音がしてるぞ。本場の長崎チャンポンではありえない。で、あっという間に出てきた。ビジュアルからして全く、いわゆる長崎チャンポンではない。スープを飲んでも明らかに違う。スープというよりもあんかけなのね、これ。

キャベツ、もやし、人参《にんじん》、筍《たけのこ》、なると、豚肉など盛りだくさんのあんかけ。溶き卵も入っている。塩味ベースだ。塩分高め、化調多めだ。カウンターの端に座っているご主人に声をかけた。

「一般的なチャンポンとは違いますね」と言い、さらにこう続けた。「でも、おいしいです。ここでしか食べられない味ですね」。すると、ご主人はうれしそうに笑った。「ラーメンやタンメンばかりじゃなくて新しいメニューを作ろうと思って考えたんだよ」とおっしゃる。それでわかった。なるほど、タンメンの野菜部分をあんかけにして、卵でとじた塩味か。そんなオリジナルのメニューを作り、いろいろ入っているから〝チャンポン〟という名前をつけたのだろう。「出前やってた頃だけどね、ある家ではもうチャンポンしか頼まないってのがあったんだから」とご主人。ってことは、家族全員がチャンポン？　「そうそう、四つも五つもチャンポン」とうれしそうに話す。ひょっとしたら、その家の人は、これがチャンポンだと思っていたのかも。

この話はこの時点では衝撃的だったし、『大宮飯店』のチャンポンは独特だと思っていた。後に、いろいろな町中華で〝チャンポン〟を出していることがわかり、一時、メニューにチャンポンがあれば必ず注文していた。一番多いのは、『大宮飯店』のような肉、野菜をあんかけし、溶き卵が入ったものだ。店によって具材や味付けは違う。

驚いたのは、三ノ輪《みわ》の『光陽楼』だ。こちらのチャンポンは、見た目はタンメンそのもの。ちょっとスープが白濁してるけど、飲んでみると、タンメン。少しまろやかなスープで、ごま油も少し入っている。野菜たっぷり。お肉もあるね。おいしくいただく。しかし、どう考えてもタンメンだ。メニューを見てみると、この店にタンメンはなかった。なるほど、他の店でタンメンといわれているものが、ここではチャンポンなんだ。

さほど食べているわけではないが、今のところおいしいと思うのは、東長崎の『公楽』。こちらも具だくさん。白菜、かまぼこ、豚肉、あさり、シメジ、溶き卵などが入っている。あっさり塩味だった。会計のときに「とてもおいしくいただきました。でも、本場の長崎チャンポンとは違いますね」と言うと、かなり高齢のおやじさん、「チャンポンっていうのはね、その店によって違うんだよ」とおっしゃった。なるほど、そういうことか。以来僕は、長崎チャンポンに対して、東京の町中華が出すチャンポンのことを〝東京チャンポン〟と呼ぶようにしている。基本は塩味のスープに具材はその店によって違うが、溶き卵を入れているところが多い。

東京チャンポンはこれまでスポットライトが当てられてこなかったが、ある店では、客によってはチャンポンばかりを頼む人もいるそうだ。隠れたファンはけっこういるのかもしれない。ただ、それぞれが土着中華（※P205参照）なので限定的なものになっていて、あまり世間に知られることはなかったのだろう。

店名を冠したオリジナル丼たち

トロの原稿にも詳しく書かれていた武蔵小山アタックでうかがった『正来軒』は、とにかくコスパのいいお店だった。メニューの御飯類のところには「炒飯　四三〇円、カレーライス　四八〇円、中華丼　五三〇円」と並び、その次に「正来軒丼　五三〇円」があった。他の隊員たちが次々と注文するなか、僕は店主に「お店の名前の丼があるじゃないですか、すごいですねぇ。それください」と注文した。なぜこんな注文の仕方をしたかといえば、〝しょうらいけん〟なのか〝せいらいけん〟なのかお店の読み方がわからなかったからだ。店主は、ちょっとうれしそうに「店を開店するときになにか目玉がほしいからってことで考えたんですよ」と言いながら、作り始めてくれた。カウンター越しに出された『正来軒丼』は、野菜とチャーシューをピリ辛の餡《あん》でとじたものがご飯にのっかっている。食べている僕らに店主は「バッチリ？」と訊《き》いてきた。もちろん僕らは「バッチリですよ」と答えた。

ちなみに僕らのあとからきた男性客が「このどんぶり……」と自信なさげに言ったところで、店主がすかさず「せいらいけんどんね」と言った。そこで、初めて僕らもこの店の名前が〝せいらいけん〟であることがわかった。

お店の名前を冠した丼《どんぶり》と言えば、町中華ではないが河金丼というのを食べたことがある。これは入谷《いりや》にあるとんかつ屋『河金』が出しているもので、丼に入ったご飯の上にキャベツの千切りが乗り、その上にトンカツ、さらにその上からカレーがかけられている。カツカレーの元祖といわれるものだ。もともと、こちらの『河金』の祖父にあたる方が、浅草で洋食屋台をやっていて、そこで出されていたのが『河金丼』。

一九一八年のことだそうだ。この『河金丼』が大当たりしたかどうかわからないが、屋台から『あさくさ河金』という大きなお店になったんだそうだ。今、その店はないが、その流れを汲《く》む『河金』が浅草と入谷にある。その『河金丼』は、実に素朴な味わいだった。今では当たり前のカツカレーだけれど、昔は珍しかったのだろう。

しかし、お店の名前を冠した丼、いざ探してみるとなかなか見つからない。やっと見つけたのは鶯谷《うぐいすだに》の『岳陽』。こちらに『岳陽丼』というのがあった。細切りの野菜とお肉を味噌《みそ》味で餡にしたものがご飯にかかっている。麺《めん》のヴァージョンもあるようだ。カウンターだけの狭いお店で席から作っている様子が見えるのもいい。

この本の打ち合わせで立東舎に向かう前に、トロ、竜さんと三人でうかがったお店、神保町の『康楽』にも店名を冠した丼があった。『康楽丼』は、キャベツと豚肉を甘辛い味噌で炒《いた》めたもので、回鍋肉《ホイコーロー》に近い。これがご飯にのっかっている。ちなみに竜さんが注文したのが『康楽定食』。こちらは『康楽丼』の上にのっかっているものとご飯が別になって出てくる。しかも、キャベツの千切りがついていて、竜さんはそこにマヨネーズをたっぷりかけて食べていた。うらやましい。価格は同じ七五〇円だった。

丼ではないが、店の名前を冠したライスというのを見つけた。トロ、竜さんと僕の三人でこの本の打ち合わせを兼ねた探検隊活動で行った、中野坂上の『ミッキー飯店』で出していた。

こちらで出される『ミッキーライス』は、野菜、豚肉、レバーをピリ辛く炒めて、ご飯にかけたもの。見た目かなり巨大なんだけど、なんとか食べ切った。味的にはピリ辛の餡で珍しい感じはないけれど、レバーが入っているというのがかなり個性的。町中華の探訪はまだまだ始まったばかりだけれど、珍メニューや店名を冠したオリジナル丼は引き続き取材を続けるつもりだ。

そんなわけで僕のパートはこれで最後になる。実は今回ここに入れたかったのだけど、割愛したネタがずいぶんある。まだまだ町中華のネタは尽きないということだろう。

最後に、本書へ誘ってくれた竜さん、共著を快諾してくれたトロ、担当してくれた切刀氏にも感謝したい。もちろん、町中華探検隊のみなさん、すべての町中華に携わる人々に感謝だ。ブラボー！　町中華。

【振り返って一言】残念ながら閉店してしまったのが、ナポリタンがいただける『昇龍』だ。ナポリタン以外のメニューも食べようと行ってみたらすでに看板は取り外されて閉店していた。そこで、ナポリタンがいただけるお店を他にも紹介しておこう。根津《ねづ》の『オトメ』。変わった店名のオトメは、もともとオトメパンというパンをつくっていたからこの名前がついたそうだ。そこから町中華に業態を変えた。

こちらのお店、店内もかなり個性的だ。BGMはクラシック。各テーブルには生花が飾られている。重厚なメニューブックには多くのメニューが並んでいるが、ナポリタンの文字はない。裏メニューなのだ。中華麺を使ったナポリタンは野菜もたっぷり、独特な味わいに仕上がっている。味付けはやさしいケチャップ味。町中華のナポリタンを味わいたいのなら、ぜひこちらへ。

さらに店名を冠した丼では、最高のものに出会ったのでご報告しておこう。それは横浜《よこはま》、阪東橋《ばんどうばし》にある『酔来軒』が提供する酔来丼だ。店の名を冠した丼ではここがナンバーワンだと思う。その内容はシンプルで、もやし、チャーシュー、目玉焼きをご飯にのせ、特製ソースをかけ、混ぜていただく丼。値段も四〇〇円と安い。おすすめだ！

ボクとステキなひどい店　竜超

グルメの対極にある町中華

テレビや雑誌は相も変わらずグルメ、グルメと騒がしい。そこでは連日〝絶品〟というフレーズが乱発されている。絶品とは「非常にすぐれた品物や作品」の意味だが、誰が食っても「すっごくおいしい！」なんてレベルの料理がそう簡単に見つかるはずがない。こういう嘘っぽさがボクは嫌いで、町中華探検隊入りを志願した背景にも、世のグルメ至上主義への反発心があったのだ。町中華はグルメから最も遠い存在だろう、と前々から思っていたのでね。実際、そこは浅はかな食のウンチクなんて入り込む余地のない、働く力のチャージ場所という飯屋本来の姿が今も残された場所だった。

前のパートで地雷店のことを少し茶化《ちゃか》してしまったが、実はボクはそういうトコに通うのもけっこう好きで、行きつけ店の中にも何軒か入っているのだ。

中央線の某駅近くにある某店は、なにがまずいってライスがまずい。まずいというか臭いのだ。ちょっとした異臭、と言ってもいいレベルで、どっかで捨てられてた米を拾ってきて使ってるんじゃないかとマジで疑ったくらいである。

この話をマグロさんにしたら「たぶんジャーの中で長時間加熱保存されてるせいでしょう」と言われた。でも、その店は何時に行ってもそこそこの客がいて、炊いたご飯はすぐに使い切ってしまいそうなのである。にもかかわらず、いつ行っても臭い。安定的に臭い。で、あまりに不思議なのでつい定期的に確認しに行ってしまうのだ。そこには「ダメな子ほど可愛い」的な想いも含まれているのかもしれない。ことによったらあの店は、ボクと同種の愛情を抱く常連たちが支えてるんじゃないだろうか。

こういう「まずいのに多くの人から愛されてる店」のことを、ボクは「ステキなひどい店」と呼んでいる。その種の店とボクが最初に遭遇したのは、まだ一〇代の頃だった。一九八三年の春に高校を出て上京したボクは、杉並区の荻窪駅からすぐのアパートでひとり暮らしを始め、それをきっかけに町中華との距離が急速に縮まった。仕送りが頼りのビンボー学生だったので基本は自炊だったが、週に二〜三回、遅めの帰宅になったときなどに、駅前の町中華で夕食を済ませるようになったのだ。

一番よく行った店は、三〇年以上経った今も当時の佇《たたず》まいのまま営業中である。『富士中華そば』という屋号で、通っていた当時（一九八三〜一九八七）は日替わり定食が五〇〇円前後で食べられたと記憶している。日替わりにはA定食とB定食の二種類があったが、ボクはもっぱら肉っけの多いほうを頼んでたなぁ。安かったし、まぁまぁの味だったので、遊びにきた友達を何人も連れて行ったっけ。

荻窪時代の行きつけ町中華はもぅ一軒あった。「閑古鳥の鳴いてる店を、各界のプロの手で繁盛店に生まれ変わらせる」というテレビのグルメ番組の企画で人気店へリニューアルされたラーメン屋だ。ボクが通っていたのはそれよりも前のことであった。

リニューアル以前のそこは、いつ行っても客がおらず、閑古鳥すら寄りつかなそうな店だった。当然だよ、うまくないんだもん。自慢じゃないけど、ボクは「ゴマダレをかければたいていのものはおいしい」くらいの味覚しか持っていない男である。そんなヤツにも「これ、うまくねぇな」と感じさせたくらいなのだからたいしたもんだ。どうまずかったかと言えば、食べると口の中でジャリッ、ジャリッと砂を噛《か》むような感触がするのである。だからボクは密《ひそ》かに〝海の家のラーメン〟と呼んでいた。店の雰囲気もダメな店にありがちな陰気な感じで、味以外でもマイナス要素だらけだったわけだ。

唯一のプラス要素は「並はずれて安かった」ことである。ラーメン一杯が確か二五〇円。当時の『吉野家』の牛丼並盛価格が三五〇円だったので、これは破格だった。けれどもボクは価格の安さだけに惹《ひ》かれてそこへ通っていたわけではない。なぜだかわからないけど、あの店の醸し出すムードに奇妙な愛着を抱いていたのである。ホントに不思議なのだが、しばらく食わないでいると、ヘキエキとしているはずのまずさだとか陰気さだとかが恋しく思えてくるのだ。「今回もまずいんだろうなぁ……」と思いながら足を運び、案の定「やっぱりまずかったぁ」になって、その時は「もう二度と来るか！」と固く心に誓うのだが、また数日すると行ってしまう。似たようなことをトロさんも高円寺の『大陸』の思い出の中で語っているが、これは町中華に愛着を抱く者に共通した不条理かもしれない。

そんな屈折した愛を抱き続けたラーメン屋だったが、テレビの力で行列店になってしまってからは一度も足を運ばなかった。値段が大幅に上がったこともあるが、やはりボクはひっそりとして哀愁を帯びていたその店が好きだったんだと思う。それは、メジャーデビューした地下アイドルに失望するファンの心理と似ている気もする。あゝキミはどうしてボクだけのモノじゃなくなってしまったんだい……って、町中華に本気でこんな想いを抱いていたら気色悪いけど。

これからも愛し続ける町中華

最近行ったステキなひどい店は、次々と入ってくる客をホール担当のオジサンが香《や》具師《し》の口上みたいなトークでさばいているところであった。

「ハイ、そちらのお兄さん、こちらカウンターへどうぞ。いらっしゃいませ、こちらさん、お二人？　ハイ、あちら壁際のテーブルでお願いします。ハイ、半チャンラーメンいただきました。ハイ、餃子《ギョーザ》お待たせいたしました。ハイ、お勘定ですね、八五〇円頂戴《ちょうだい》いたします。ハイ、毎度ありぃ」

こんなふうなことを独自のリズムにのせて切れ目なく言い続けているのである。どこかＡＶ監督の村西《むらにし》とおるを彷彿《ほうふつ》とさせるトリックスターぶりで、たまに「ナイスですね」くらい言ってそうな勢いだった。

その店でもボクは酢豚定食を食べたのだが、オジサンの味わい深さに反して料理のほうは……。なんか有名なブランドポークを使ってるそうなんだけど、高価なせいか肉の量が異常に少ないのだ。ミートボール大のものが三つくらいしか入ってなくて、おまけに酢豚肉の命とも言えるクリスプ感がゼロ。フニャフニャした肉を噛むと生臭さが口いっぱいに広がってきて、思わず声をあげて泣きだしそうになったよ。それなのに値段は一〇〇〇円もするのだ。マグロさんに連れてってもらった肉ラーメンの一〇〇〇円は安いと思ったが、こっちは露骨に高いと感じたね。でもまぁ、あのオジサンの話芸を堪能《たんのう》させてもらったので、さほど腹は立たなかった。一〇〇〇円はあくまでも木戸銭で、酢豚定食はオマケに付いてきたものだと考えればいいのだ。

ステキなひどい店は、個人経営だから許される存在である。チェーン店、それも統括本部があってチェック員が各店を巡回しているような大手だったら絶対にありえない。すぐに店長へ改善命令が下るだろう。

　ボク以上の世代は、まだ飲食店の大半が個人経営だった時代を肌で知っている。その頃の食い物屋には店ごとに異なる〝顔〟があった。接客マニュアルの設けられたチェーン店だと全国どこでも同じサービスが提供され、若い世代にとってはそれが当たり前なんだろうが、ボクらおっさんはイマイチ違和感をぬぐえない。なんというかね、同じ顔をした整形美人がずらっと並んでいるような感じなのだ。

　それに対して個人経営店の顔はよくも悪くも個性的で、ひとつとして同じものはない。だから、どれだけ見てても飽きないのだ。町中華探検隊員として数十軒を回って実感したんだけど、みんなホントにいい顔をしてるんですよ。つるんとした美形ではなく、味のあるシワの刻まれた風格ある容貌《ようぼう》なわけね。

『男の顔は履歴書』なんて映画もあったが、町中華の顔だっておんなじだ。その部分に最も魅了されているのがマグロさんで、一時間程度の町歩き中に一〇〇枚以上もの外観を撮影する場合もある。ひょっとするとシャッターを切る回数がまばたきのそれを上回ってるんじゃないか、とたまに思うほどだ。バス移動中にチラッと見かけた面構えのいい店をメモっておき、後日わざわざ現地まで確認に行ったりもするそうで、もはやちょっとした町中華ストーカーである。

　それに対してトロさんは、撮影行為にはあまり熱心ではない。「トロさんはブログの更新が少ない」と前に書いたが、それも撮影の不熱心さとつながっているのかもしれない（マグロさんは撮影枚数と同じくブログの更新頻度も常軌を逸して多い）。とはいえ、出会った店々の姿は心のアルバムにしっかり保存されているらしく、時おりそのページをめくっては色んな思いにふけっているようである。

ボクらは町中華を愛しているが、その思いを他人に押しつけるつもりはない。ファミレス式のご丁寧な接客に慣れ切った人には、下町の女将《おかみ》さんのチャキチャキした接客は肌に合わないだろう。若い人だと「怖い」と感じることすらあるようだ。まぁ、それが時代の趨勢《すうせい》というやつで、だから町中華は衰退する一方なのである。

けれども町中華探検隊の場合はおかげさまで稀代《きたい》のマゾ集団なわけだからさ、世間から「なんでアンタら、あんな時代遅れな店なんかに血道を上げるのさ？」と冷たい目を向けられれば向けられるほど、逆に気分が燃え上がってくるのだ。ボクはそんなマゾパワーをフル稼働させて、これからも酢豚を始めとする肉系中華の世界だとか、ステキなひどい店だとかを、どんどん探検していきますよ。乞《こ》うご期待!!

【振り返って一言】 最近は〝町中華〟がすっかり一般語化した感が強い。先日もテレビの散歩番組を観ていたら、「どんなラーメン屋さんなんですか？」「ん〜、まぁ普通の町中華らしいですよ」「あ〜、そうなんだぁ〜」という会話が当たり前に成立していてビックリした。だってさ、ちょっと前まで町中華ってのは「いちいち説明しなきゃわかってもらえないワード」だったんだよ!?　それがいまや「中華店のジャンルを説明する際に用いるワード」になってるんだから、まさに隔世の感である。

町中華という呼称を説明なしに使えるようになったのはありがたいが、単なる「グルメネタの一ジャンル」にされがちなのは困ったものだ。テレビには〝ステキなひどい店〟みたいな概念は理解できないだろうし、仮に理解できる制作者がいたとしても「いや〜、ここはまったくもって〝ステキなひどい店〟ですねぇ」なんて放送できるわけがないもんね。もしもそれがOKなイカれた番組があったら、ぜひボクを出していただきたいところだ。

町中華単行本の発刊以降、幸か不幸か〝ステキなひどい店〟には当たっていないが、たまには「なんじゃこりゃ!?」的な物件にも巡り合わないと物足りなくなってくる。神様、今回の文庫化を記念して、久々に一発あてがってくれませんかね？

あ、あてがうのは〝一発〟だけで十分ですからね。二発、三発なんて過剰サービスは辞退いたします！

町中華の残り時間　北尾トロ

終わりのない町中華話

最後の章になって、みんな急にまとめに入ってますね。まだまだ語りたいことがある中でいったん筆を措《お》かざるを得ない悔しさがにじみ出ている感じである。

なにかに似ているなと思ったら、油流しの雰囲気と一緒だ。ロケハン↓検討↓入店↓実食まで終えて待ち合わせた喫茶店に行くと、さっき別れたメンバーたちが探検を終えて戻ってくる。満足感でいっぱいの人もいれば、軽い失望感を抱えている人もいる。

「で、どうでした？」

報告会が始まり、本日の収穫を順番に発表する。みんな、言いたいことがたくさんあるから、こうしないと先に進まないのだ。

食べた直後である。メンバーの話には臨場感があり、いかにすさまじい量だったか、表現しにくい味つけだったか、ふさわしい言葉を探しながら説明がなされる。質問も出る。出ないわけがない。そこで発表者は証拠提出とばかりにケータイを取り出して写真を見せる。
「おおー」（デカ盛りへの反応）
「でしょ」（なぜか勝ち誇る発表者）
「麺《めん》が餡《あん》に隠れて全く見えない」（デカ盛りへの第二反応）
「完食いたしました」（ぐんぐん勝ち誇る発表者）
「決しておいしそうに見えず、サイズだけを強調している盛り付けが立派です」（デカ盛りへの第三反応）
「食べてる途中で麺が伸び、量が増えていきます」（やけくそで勝ち誇る発表者）
四人もいればざっと感想を述べるだけで一時間かかってしまう。コーヒーおかわり。
「では、私は次の予定があるのでこの辺で」
やむなく中座するメンバーがいても、じゃあねで終わりだ。話の続きがしたい。
「さっきのデカ盛り写真、もう一度見せて」
「いいっすよ。言っときますけど大変だったんだから。あ、食べきった写真も見せましょう。器の底が写ってます。店名が見えますか。スープまで飲み干さないと店名に出会えないんですよ。考えてる。いや、考えてないかな。スープまでとなると打率下がりますよ。ボクは今日、やる気になってて体調万全で挑んだからできたんです。みなさん体調整えてますか。町中華は体力です」

結論は一切出ない。求められても出しようがない。ぼくたちが足を踏み入れた町中華というジャンルは、汲《く》んでも汲んでも水が出てくる井戸みたいなのだ。底のほうは暗がりになっていて深さがわからない。全体像がつかみきれない。

一軒の店についてもそうだ。竜も書いているように、探検隊の活動をしているとうまい・まずいの話にたいして興味がなくなる。ぼくは、油流しでおいしかったとしか説明されない店は、行く必要なしと判断するようになった。そこに井戸の深さを知る手がかりはないように思う。

ぼくたちは話し続ける。誰かが「そろそろ出よう」と言い、その日の油流しがストップするまで、終わりのない話をする。

店を出ると、ここ数時間浸っていた〝昭和へのタイムスリップ〟から現実の世界に引き戻され光がまぶしい。

小上がりはぼくのルーツ

新年会をやろうということになり、せっかくなので下北沢『丸長』の座敷席を予約した。小宴会ができるよう、奥に畳敷きスペースが作られているのだ。古めの町中華には居酒屋にあるような小上がりがたまに存在し、見つけたときはテーブル席が空いていても小上がりを利用しがちだ。そのほうが、立ち上がったときの位置が高く、店の全体が見渡せる気がする。そんなわけないんだけど。

小上がりに座ると店にいる時間が長くなりがちなのはビールを飲むことが多いためだ。たいして飲めないのに、誰かと一緒に小上がりにいくと、ぼくは率先してビールを頼んでしまう。居酒屋の感覚になってしまうのかと思っていたが、自分の原風景を思い出してみて納得した。小上がりでビールは、父の影響なのだ。

ぼくは小学生時代をおもに博多《はかた》で過ごした。住んでいたのは社宅で、父の帰りはいつも遅い。土曜になると（当時は土曜出社が普通だった）同僚を連れてきて麻雀《マージャン》をするのが常で、母はビールを出したり夜食をこしらえたりで大忙しだった。

母への感謝や家庭サービスのためだろう、日曜は外食が多かったが、行先が必ずといっていいほど中華料理店。ぼくと妹はこれが週末の楽しみで、馬鹿の一つ覚えのように豚まんと餃子《ギョーザ》を食べていたが、そこで座るのがいつも小上がりだったのだ。

父はビールを頼み、母も一杯だけ口をつける。子どもたちはサイダーだ。父がなにを食べていたか詳しく思い出せないが、八宝菜は好きらしかった。畳の席だし、親はビールを飲んでいるし、自分は好物の豚まん。子どもにとって日曜日の外食はちょっと豪華な小宴会みたいに感じていたものだ。

ビール、八宝菜、豚まん。この取り合わせは町中華より本格寄りの中華料理店で出すイメージがある。だからぼくは、自分の町中華デビューはもっと後だと思い込んでいたのだが、実はそうじゃない。あの豚まんの店（兄妹《きょうだい》でそう呼んでいた）は、和食や洋食メニューこそなかったものの、大衆的な町の中華屋だったと母は断言するのだ。

安月給のサラリーマンが、週に一度とはいえ中華料理店に家族で行けたはずがない。そんなことは主婦であるワタシが許さない。安い店の割に味が好きだったこと、子どもも連れでも問題なく入れたこと、ゆっくり座れたこと、散歩がてらサンダルで出かけられたことを母は理由に挙げた。

「小上がりが今でも好き？　そりゃそうだろうね。靴下は脱ぎ散らかすし、豚まん持って大騒ぎするし、いつも楽しそうだったもんね」

どうってことのないような小学生時代の幸福感を、ぼくはいまだに引きずっているらしい。

小上がりは畳席であることから明白なように、和食の食事スタイルだ。それが半世紀以上も営業してきた町中華に残っている事実は、早い段階から和食を取り入れていた、あるいは和食育ちの客が抵抗なく入れる店を目指した証拠になるだろう。

マグロとふたりの探検隊の活動で小上がりに座った最初の店は、御徒町のおかげ横丁にある『今むら』だったと思う。中華とトンカツが売りの店だ。狭い店内の奥に畳席があるのを発見すると、ぼくはそこにどうしても座りたくなってしまった。長居する構えだからか、ぼくは小上がりに陣取ると店主や女将《おかみ》さんにあれこれ話しかける傾向がある。そのとき、終戦直後の闇市時代から現在に至る店の歴史を聞き、ぼくは衝撃を受けた。なぜ中華屋をと質問したら、女将さんはこんなふうに答えたのだ。

「こういう店をしたいとか考える余裕はなかったですよ。どうやって食べていくかが第一でした。最初はあるルートで仕入れたモツの煮込みを売ってたのよ。食糧難の時代だから飛ぶように売れてね、そのうち今度はラーメンがはやるとなって中華もやるようになったの。トンカツもそう。だから、うちは中華屋になりたかったんじゃなくて、だんだん中華屋になっていった店なのよ」

町中華で食事をすることとは、その店の歴史も一緒に食べることなんだと思った。『今むら』のトンカツは分厚くて安い。化調の流行以前から作っているラーメンは、どこかで時代の波に乗ったのだろう、化調をうまく取り入れつつマイルドに仕上げている、この店の到達点だ。

聞けば店主は八〇歳。息子には和食の道を歩ませ、自分が止めたときに店は歴史を閉じるという。昔はスリが出没するほどにぎわったおかず横丁も近年はシャッター通り化が進んでいる。『今むら』の場所では息子の代まで店をやっていけないと、そのあたりは冷静だ。

あと何年できるかね、と元気に笑うけれど肉体的にはきつそうだ。

「できれば、次の東京オリンピックまではやりたいもんだね」

急がねばならない。町中華の残り時間は少ないのだ。

【振り返って一言】「二〇二〇年の東京オリンピックまでは続けたい」が決まり文句だった町中華に異変が起きている。「天皇陛下の退位までは」と口にするご主人が現れたのだ。二〇一九年四月三〇日をもって、平成の時代は終わりを迎える。ならば自分もそこを潮時にしようというわけだ。店主の多くは高齢。店を閉めるにふさわしい理由があれば、静かにその時を迎えたいということなのだろう。残り時間、ますます少ない。

町中華用語集④

トライアングル（とらいあんぐる）
３軒の町中華が三角形の頂点の位置で向き合っている状態、あるいは現象のことを言う。滅多に存在しないが、稀有な実例としては、東京スカイツリーのお膝元「押上」の交差点がある。特殊な角度で複数の町中華が向き合う光景は、マニアにとってはたまらないものがある……かもしれない。

劇場型町中華（げきじょうがたまちちゅうか）
素晴らしい舞台を鑑賞しているような気分にさせられる町中華のことを言う。外観を鑑賞するだけで豊かな気分にさせられる店もある。暖簾を味わい、店名に納得して、店内へ。メニューは味のある手書きで、そのラインナップも重要だ。また、店主の顔つきや注文の受け方、照明、厨房など、料理以外の部分でも様々な楽しみ方ができる。

土着中華（どちゃくちゅうか）
長い年月、その土地に根付いて周辺の人たちから愛されてきた町中華のことを言う。ほとんどの町中華がこの土着中華である。近隣の住民にとってのサロンであり、社交場でもあり、様々な情報が集まる場所でもある。ただし、あまりに身近すぎる存在であるため店名が意識されることは少なく、「そこの中華」「角のそばや」などと通称で呼ばれてしまうことも多い。

鼎談《ていだん》　改めて、町中華ってなんだろう

下関　町中華とはなんだ、と思ってこの本を書いてみたけれど、完成したらますますぼんやりしてきたよね。でも、それこそが町中華なんだと思う。

北尾　そうそう。もともとぼんやりした状態で「町中華」という言葉を使ったが故に、マグロさんからは定義を求められるし、それに応《こた》えるためにも行き当たりばったりに行動するはめになって。でも、続けているとぼんやりなりに全体像が見えてくるときがあるんだよね。でも、そうかと思うとまた見えなくなる。

下関　日によってとか、気分によって変わるよね。

北尾　マグロさんとぼくは、立ち上げた時点からそういう「ぼんやり」は仕方ないんだと思ってやっていたけど、竜さんは途中からの参加だからびっくりしたでしょ。

竜　もうちょっと定義とかスタンスが定まっていると思ってましたね。二人の背中を見て学べるかと思っていたんだけど、学べる背中がどこにもなかった（笑）。ブログの書き方もみんなバラバラだし。

下関　それは町中華が〝いっぽんどっこ〟だからなわけですよ。それぞれの店主が、自分の思うがままの店を「中華」として出したおかげで、メニューもいろいろだし、味もいろいろだし、店の名前もスタイルもバラバラ。だからぼんやりしてて、とらえきれないんだよ。

北尾　似たような名前は使っちゃいけないとか、そういう商標の意識とかもない。もう無法地帯だもんね。本当にバラバラなんだけれど、化調みたいなブームもあるし、定番メニューも何となくできていって、半チャンセットが普及したりしている。

下関　同じ名前のお店があっても、数が多すぎて暖簾《のれん》分けなのかどうかもわからないよね。

北尾　基本的に自由なんです。そこに我々みたいな人間が入り込んでわかったふりをしても、結局はわからないんです。

竜　きっと隊員も読者も、創始者の二人は町中華の神髄をわかってるんじゃないかと思ってますよ。

北尾　それは甘い。いっぽんどっこ精神が足らない。「俺の視点」っていうものを、それぞれの人が自由に持っていていいんですよ。

下関　探検隊員もそれぞれ〝いっぽんどっこ〟なんだから。

竜　始めは「ラーメン、炒飯、餃子《ギョーザ》」を追っていけば形ができるのかなと思ったんだけど、そういうものじゃなかったですね。

北尾　相手がでかすぎるからね。攻略法みたいなものはないよ。

下関　何か形あるものをつかもうとしなくていいんですよ。「暖簾に腕押し」でいいの（笑）。

北尾　まあ、ぼくらも最近わかってきたんですけどね。最初は突進していったんだけど、数が減ったとはいえ、まだかなり店舗がある。今日も神保町で町中華に行ってきたんだけど、地域のコンプリートを目指してもしょうがないよね。それよりも、「俺の町中華」みたいなものを探しながら食べればいい。

下関　そのほうが面白いよね。

町中華探検隊のこれから

北尾　最近、町中華探検隊のメンバーが四〇人を超えたんですよ。マグロさんがどんどん連れてくるから。会ったことがない人がいっぱいいる。

下関　ＬＩＮＥのグループに招待されて、ブログを書けば隊員だからね。君もけっこう勧誘してるでしょ。でも竜さんは？

竜　ボクは誰も誘ってないですね。
下関　どうして？
竜　ラーメン好きはいるんですけどね。町中華を誘って楽しんでくれるのかなって考えると、なかなか難しくて。
北尾　そこは「多分この人なら面白がってくれるだろうな」って直感で誘おうよ。
下関　僕は最近「町中華探検隊に入りたいんですけど、どうすればいいですか」って聞かれるよ。
北尾　増えた増えた。そういう人を「一緒に行きましょうよ」って誘えばいい。
下関　目標は「一億総町中華探検隊化」だからね。日本人全部入れてやろうって考え方。
北尾　みんなで取り組んでいかないとね。とにかく時間がないんだよ。町中華はあと四、五年で激変するはず。高齢化の波があるし、跡継ぎもいない。ほとんどの店がそうだから、いつか終わる。探検隊を始めてから、そういう終わってしまう店を何軒も見てきたんです。だから、急がなきゃいけない。人数をかけて、記録しておかなきゃいけない。
下関　今回の本を読んで、入りたいと思う人も出てくると思いますよね。僕たちは東京中心でまわっているけれど、たとえば、それこそ札幌《さっぽろ》の人がレポートしたいと言われたらどうします。
北尾　やってもらいましょうよ、ぜひ。
下関　そういう方は、入隊希望のメールを僕にください（笑）。
北尾　全国に支部長とかがいるといいですよね。
竜　レポート読みたいですよね。四国の町中華がどうなっているのかとか。

カロリーの向こう側に

北尾　ただ、一つだけ気をつけていただきたいのが、高カロリーについて。竜さんがね、探検隊を始めてからどんどんデカくなってる気がするんだよね。よく食べる人だから、ついつい食べてもらったりしてるんだけど……。
竜　そこはそんなに気にしてないんですよ。その分食べる前後に歩くとか、一応やっていますし。そういえば、隊員の人以外を誘うと「カロリーが怖い」っていう声が出たりしますね。とくに女性から。
北尾　女性隊員、けっこういるけどね。女子部って言って、女性隊員だけの集まりが自然発生してるくらい。でも竜さんの胃袋は偏ってますよね。あるとき代々木《よよぎ》に探検に行ったんですけど、そこの店に「ニラ玉丼　五〇〇円」って書いてあって。

下関　他の隊員は「おっ、安い」って色めき立ったんだけど、竜さんは急に怒り出して。

北尾　「むしろ高い！」と。

竜　草と卵と米だけで、暴利ですよ。

北尾　それを言い出したらシーザーサラダはどうなんだって思うよね。この野菜を草と呼ぶ人のなかでは、肉が野菜より偉いのかと。毎回肉に喜んでる。

下関　竜さんはいろいろあるよね。本文中にもあった酢豚事件（※P98参照）とか。あのあと写真みたけれど、どうみても半年前と同じ酢豚だったよ。

竜　そんなことないですよ。明らかに違いました。肉はよかったのに……。

北尾　まあ、こういう風にメンバーが見る視点もそれぞれなんです。だから、意見をまとめるという行為は無意味なんですよ。みんな〝いっぽんどっこ〟のほうがいい。だから、竜さんもたまには草も食べつつ、健康に気をつけて町中華探検を楽しみましょう。いいお店の情報はいつでも待ってます。みなさん一緒に面白がりましょう。

エピローグ

町中華を探しながら街を歩き、一軒の店に狙いを定めて食事をし、食べた後は喫茶店に入って感想を話し合う。マグロと高円寺を歩いたときから今日まで、探検隊の動き方は全く変わっていない。

記録のために食べたものの写真をなるべく撮るとか、メニューを入念にチェックするといったことは欠かさず行うようになったし、おずおずとした怪しい態度ではあるが、手が空《す》くタイミングを見計らって店主に話しかけるようにもなった。ぼくたちは町の中華屋さんをめぐっている者です、などと名乗り、ここはいつからやっているんですかと尋ねる。まず知りたいのはそこなのだ。開業した時期は店の成り立ちを考える上での重要なポイントで、なぜこの味付けなのか、このメニュー構成かを知る手掛かりになる。店主が何代目なのかということも開業時期を知れば察しがつく。

忙しい店ではそっけなくされることもあるけれど、多くの場合、店主は快く答えてくれる。寡黙に見えていた店主が、話し出したら止まらない人だったりして、女将《おかみ》さんがそれに加わり、店内が談話室と化すこともあるほどだ。中華の修業を積んだ人もいるが、もともとは洋食屋でコックをしていた、和食の店で包丁を握っていたなど前職もいろいろ。流しのギター弾きをしていた人までいた。また、二代目以降の〝跡継ぎ組〟は、初代の話を生き生きとしてくれる。語られるのはその店固有の歴史だけれど、同時にそれらは戦後の食文化の一断面であり、高度成長期の貴重な証言にもなっている。

話が発展し、店主の身の上話を聞かされることもある。先日行った大塚《おおつか》の店がそうだった。その日は七名で探検、ぼくは店構えのくたびれ加減が気に入って、ある店にひとりで入ろうとしたら定休日でもないのに閉まっていた。と、そこへ自転車で女主人が帰ってきた。犬を連れている。買い物かごにはネギだ。もう、いい予感しかしないではないか。

「食べられますか」

声をかけると「できるわよ」とのこと。犬と一緒に店に入り、カウンターに座って半チャンセットを頼むと、「ラーメンは時間がかかる。炒飯《チャーハン》なら早いがどうするか」と言う。きたばかりだから鍋《なべ》に火が入ってないのだ。炒飯にしてよということである。振り向くと専用席でくつろぐ犬がくぅんと鳴いた。

炒飯を食べている途中で、女主人はカウンターに腰かけ、犬に話しかける。娘の飼っている犬を店で預かっているのだそうだ。しゅっちゅうなのだろう、四人掛けの座席にはペット用オモチャがあふれ専用席になっている。

「犬嫌いの人は嫌がるのよね」

そりゃそうだろう。ぼくたちはしばらく犬の話をした。いや違うか。店で世話している犬を語ろうとすると、否が応でも店の話が含まれる。亭主がなくなって後を引き継いだのではなく、最初から女手ひとつで商売を始めたこと。修業ゼロで始めた素人商売をお客さんが支えてくれたこと。家族のこと。麵《めん》の仕入れ先のこと。炒飯を食べ終える頃には、東北で生まれ育った女主人の一代記が始まっていた。

貧しい農村で育ち、親と死別してからいじわるな親戚《しんせき》に引き取られ、中学卒業を待って逃げるように上京。顔も知らない兄を探し出し、電信柱の貼り紙を見て職につく。やがて結婚。出産を経て、どうにか落ち着いたところでなにか商売をと考え、勢いのあった町中華店を開業した。苦労しかない人生だったから、小さくても自分の店を持ちたかった。以来、山あり谷ありの四〇年……。

たっぷり四〇分聞いた。まあ全然客来ないよってことなんだが、一見《いちげん》客に過ぎないぼくにこんな濃厚な話をプレゼントしてくれる町中華、やっぱり最高だと思わずにいられない。

本書は町中華探検隊による最初の本だ。町中華という耳慣れないカテゴリーがどういうものなのか、我々がなにに惹《ひ》かれ、いかなる活動をしているかを五〇代の三人で手分けして書いてみた。執筆者自身がうまく説明できず、海のものとも山のものともつかない企画を一発で通した立東舎の英断に感謝したい。

読者諸氏へは、手に取ってくれてありがとうと言いたい。町中華摂取欲がぐんぐん高まっているのが目に浮かぶようだ。食べたいのはカツ丼、カレー、オムライスの三種の神器だろうか。それとも王道の半チャンセットだろうか。

食べに行った帰り、油流しの喫茶店で舌のピリピリが収まるのを待つ間、活字で読む町中華がデザート代わりになれたらと願う。

北尾トロ

文庫版書き下ろし

町中華というワードの不思議さ　下関マグロ

先日、テレビを見ていたら、あるタレントさんが普通に「町中華」という言葉を使い、周囲の人たちも違和感なく話を進めていた。ああ、もう世の中に町中華というワードはすっかり定着したのだなと感じた。僕と北尾トロが町中華探検隊を始めた二〇一四年当時はまだ一般的ではなくて、説明するのが難しかったのを考えると隔世の感がある。

町中華という言葉が一般化したのは、二〇一六年の八月に本書の単行本が出版されてからだろう。同時にこれを境に僕の仕事内容はかなり変わった。まず、町中華についてのテレビ出演が増えた。テレビ出演のオファーは、僕個人にくる場合と、版元である立東舎にくる場合がある。後者の場合は、同社の広報の方から、こういう番組から出演オファーがあるけどどうしますかという内容のメールが、著者三人に同報で届く。北尾トロも竜超さんも断るので、結局僕が引き受けることになる。そのため、町中華にくわしいおじさんとしてテレビに出るのはたいてい僕だ。

テレビに登場する隊員たち

単行本の出版後、最初に町中華を取り上げてくれたのはTBSの『有吉ジャポン』だった。最初の打ち合わせでディレクターから確認されたのは、「マグロさん以外の人で町中華の番組をつくっていいでしょうか」とのこと。いいもなにも、むしろ僕よりも影響力のある方にこそ、町中華を語ってほしいと申し上げた。どうやら、町中華で何回か番組をつくるようだった。

最初の町中華特集ではホフディランの小宮山雄飛《こみやまゆうひ》さん、おかずクラブのゆいPさん、モデルの瑛茉《えま》ジャスミンさんの三人で三軒ほどのお店をロケしていた。僕はスタジオで他の出演者たちとそのVTRを見て、コメントするという役割だった。その後、僕は出演することはなかったが、情報提供などをさせていただいた。

テレビに町中華が登場したのはこのときが最初ではなく、二〇一六年の二月にテレビ朝日の『グッド！モーニング』で取り上げられている。その時は、北尾トロが登場し、町中華の定義を語り、増山かおりさんがナビゲーターとなって、いくつかのお店をロケしていた。このとき、アナウンサーの方が、「町中華、まだなじみのない言葉ですが」と紹介しているのが、印象的だった。これは好評だったようで、同年の三月には第二弾が放送された。こちらも増山さんが出演した。そして、一一月には第三弾が放送された。このときは町中華探検隊オトメ部として、増山さん、フォトグラファーの濱津和貴さん、イラストレーターのあきやまみみこさん三人がナビゲーターとしていくつかのお店を紹介。本書の単行本も紹介され、アナウンサーの方が「いま、じわじわきている町中華」と紹介してくださった。

僕はといえば、『有吉ジャポン』を皮切りに、読売テレビの『ワケあり！レッドゾーン』、テレビ神奈川の『サタミンエイト』、テレビ朝日の『スーパーJチャンネル』などで町中華についてコメントさせていただいた。

グルメライターではないけれど

いくつかのSNSに町中華探検隊のアカウントがあるが、これを管理してくれているのが吉岡信洋《よしおかのぶひろ》さんだ。彼の本業はラジオ番組の制作者なのだけれど、自ら買って町中華探検隊の広報をやってくれている。広報の吉岡さんの元には、隊員への取材や原稿執筆の依頼などくるらしく、彼から仕事をふられることがある。僕はスケジュールさえ合えば、仕事を断ることはない。その中のひとつがRettyグルメニュースというネットサイトからの記事執筆依頼だった。最初は、町中華探検隊のメンバーとして、タンメンに関する記事を書いたが、その後、「下関マグロの激安グルメを徹底検証！」という連載を執筆させていただくことになった。取材するのは激安で食べ放題を実施している店だ。たぶん、そんなお店の取材だと、こんなに安くて、こんなに食べました的になるのだろうが、僕の場合は小食なので、ほとんど食べない。また、味についてはよくわからないので、ほとんど言及しない。どういうわけか、この手法がウケて、ありがたいことにいつもRettyグルメニュースのランキングでは記事が上位にある。この連載に加え、Rettyさんからは多くの原稿執筆の依頼があり、ここ一カ月間は一〇本もの原稿を書かせていただいている。

　また、ネット記事の仕事を長年やってきたが、初めて記事がバズるという経験をした。バズるというのは、とにかく多くの人に読まれるということだ。

　リクルートのメシ通というサイトで連載をさせていただいている「料理人のまかないメシ」において、お茶《ちゃ》の水《みず》大勝軒の店主である田《た》内川《うちがわ》さんを取材させていただき、執筆したのが、〈「つけ麺の元祖」大勝軒に自家製チャーシューのつくり方を教わってきた〉という記事。これがバズった。

　飲食系の取材記事が増えると、「マグロさんってグルメライターですか？」と聞かれることがある。いや、グルメライターというわけではなく、僕は受注ライターだ。

いただける仕事は断らない。昔はエロ系の記事の注文が多く、エロライターともいわれていたが、これも仕事を断らずに受けてきた結果だ。時代とともに仕事の内容が変わってきているだけで、いまはたまたまネット系のグルメ記事の仕事が多くなっているだけなのだ。

そして始まった「ぶらぶら町中華」

二〇一七年の一月、知り合いの放送作家から電話をもらった。「本、読みましたよ。ちょっと町中華で企画を出しているんですが、打ち合わせをお願いできますか」とのこと。町中華探検隊で三〇分番組を四本つくりたいとのこと。放送局はCSのテレ朝チャンネルだそうだ。BSならわかるけど、CSって見たことないなぁ。北尾トロも打ち合わせに参加してほしいというので、連絡をした。トロはあまり乗り気ではなかったが、打ち合わせには来てくれるそうだ。というわけで、我が家の近所の喫茶店で打ち合わせをした。スタッフたちは、けっこう熱く町中華番組について語っていた。そのせいか、トロも渋々出演を承諾してくれた。僕ら二人に加えて、鈴木《すずき》貴子《たかこ》さんというフリーアナウンサーの方が加わり、三人で町中華をめぐるという番組内容だった。二月の天気はいいがとても寒い日にロケが開始された。ロケのスタートは本当にいつ

も お世話になっている下北沢の『中華丸長』から。赤いチャイナドレスが似合う鈴木貴子さんとはこの日初めてお逢《あ》いした。台本上での名前は、鈴木アカミになっている。トロとマグロとアカミなのだそうだ。そして、三〇分の番組を四つではなく、一五分の番組を八つ制作することになっていた。というわけで、都内で八店舗のロケをした。僕もトロも芸人でもタレントでもないので、グダグダと町中華で食事をし、リポートした。撮影しながらも、こんなんで面白くなるのだろうかと心配だったが、出来上がった番組は編集がうまくて、なかなか面白く出来上がっていた。スタッフの人たちはぜひレギュラー化をと意気込んでいたが、トロはなんとなく次は出ないというようなことを言っていた。それが変わったのは、ロケをした荻窪にある『ことぶき食堂』にたまたま寄ったのがきっかけだそうだ。「お店の人が番組を見てものすごく喜んでいたし、お客さんも番組を見てくれていてさ、オレ本当にやってよかったと思ったよ」とのこと。

まあ、そんなこともあり、二〇一八年二月、第二弾のロケが敢行された。ロケ先はなんと、地方だった。新潟県、長野県、福岡県をそれぞれ四店舗ずつロケ。ロケが終わり、また来年なんて思っていたら、七月にまさかの第三弾。今度は静岡県、秋田県、宮城県を同じく四店舗ずつまわった。地方のお店をまわってわかったのは、同じような店はまったくないということだ。そして、どの町中華にもドラマがあり、聞けば聞くほどおもしろい。

ロケの終わりに、鈴木さんがお店の方に必ずするお決まりの質問がある。それは「ご主人にとって、町中華とはなんですか?」だ。これ、何軒かのご主人は言葉に詰まる。町中華の意味が実は分かっていないのだ。浸透してきたと思っていた町中華というワードだが、まさかの当事者にはまだ知られていないのが実態のようだ。

そんなこんなで町中華のおもしろさは尽きない。まだまだ町中華をウォッチしていこうと思っている。

文庫版書き下ろし

ボクの新しい町中華探検ステージ

竜 超

町中華単行本の刊行から、もう二年かぁ〜。「たかが二年じゃん」と言われるかもしれないが、その間にボクは（自分にとっては）大きな変化を遂げたのだ。

刊行時、「町中華のユルさに通じる脱力系PR企画はないものか」と考えたボクは、「ぜひ読んでほしい相手のところへ自分で本を届ける」という〝直献本キャンペーン〟を思いついた。マグロさんを伴って訪ねたのは、一読者として敬愛する酒場ライターのパリッコさん。一面識もない相手に「すっごいファンなんで、ぜひ本を持っていかせてください！」なんてストーカーチックなメールを送りつけたボクもボクだが、それを快諾してくださったパリッコさんもイイ意味でヘンである。

献本の場は、パリッコさんのテリトリーである池袋の角打ち店。角打ちとは「立ち飲みのできる酒屋」のことだが、じつはボクはそれが〝角打ち初体験〟だった。人生初の角打ちが「達人のナビゲート付き」なんて最高の名誉ですよ。

当時はまだ知る人ぞ知る的存在だったパリッコさんも、この二年のうちに〝若手酒呑《の》み界の雄〟としてメディアからひっぱりだこの売れっ子に化けた。それには遠く及ばないものの、冒頭で述べたようにボクもそれなりに変化を遂げた。ずっと温めていた〝脱東京プロジェクト〟を始動させたのだ。

新たな活動ステージと定めたのは、熱海《あたみ》から沼津《ぬまづ》までの「静岡東端」と、湯河原《ゆがわら》から小田原《おだわら》までの「神奈川西端」の合体地域。熱海の〝熱〟と湯河原の〝湯〟をとって「熱湯エリア」と名付けた。さらに同志を募り、地域をサブカルチックに盛り上げるよそ者クリエイター集団「熱湯ストレンジャー」も起《た》ち上げたのであった。

……と、ここでやっと町中華の話になるが、活動ステージ変更を機に、ボクは東京地区での町中華探検から手を退《ひ》く決意をした。探検隊員はすでに九〇名近くもいるので、あちらはもう手が足りてるだろうしね。本移住にむけて東京⇕熱湯エリアの二地域生活を始めてわかったが、あちらにも興味深い店が結構ある。拠点となるアパートを借りた湯河原にはTRYラーメン大賞のトップに輝いた『らぁ麺屋 飯田商店』があって連日大行列となっているが、町中華だってそれに負けない活気を見せているのだ。

湯河原温泉には「狸が見つけた」という伝説があるのだが、それにあやかった

「担々やきそば（タンタン狸とかけてるわけね）」なる町おこしメニューが町内の飲食店で提供されている。「既定のピリ辛担々ソースさえ使えばレシピはお任せ」というゆるいルールのため、内容も値段も店ごとに異なるが、ボクのお気に入りは『餃子ショップ』という町中華のもの。ここは担々やきそばを最初に扱った店なのだという。八〇代の親父さんと女将《おかみ》さんが営む家庭的な店で、担々やきそばの味の決め手はたっぷり混ぜられた〝桜えび〟だ。

『餃子ショップ』は朝九時から営業している店で、ボクは一度、口開け直後に入ったことがある。当然お客はボクだけで、まだ女将さんもいなかった。いつもの担々やきそばと餃子《ギョーザ》（皮パリッパリでこちらも美味！）を頼んで食べていると、常にニコニコ顔の親父さんが厨房から出てきて色んな話をしてくれた。「本当はワンコインにしてあげたいんだけどねぇ、周囲とのバランスがあるんで六〇〇円にしてるんだよ」というのを聞いたときには、柄にもなくジ～ンときちゃったねぇ。

この『餃子ショップ』のような〝優しい店〟は他にもある。住所的には熱海市だが最寄り駅は湯河原になる『王《わん》ちゃん』もそうした店だ。六席のカウンターと小上がり席のみのこじんまりとした町中華で、店を切り盛りしているのは日本昔話に出てきそうな白髪《しらが》の親父さんと女将さん。何か助けて宝物とか貰《もら》ってきそうなおふたりだ。

ここで頼んだのはカツ丼。『王ちゃん』はネット上で「カツ丼の名店」と言われている店なのだ。注文を終えてセルフサービスのお冷を貰おうとしたら……あら、コップはあれど給水器もポットもない。「もしやこれは一見《いちげん》さんに等しく与えられる試練か⁉」などと被害妄想に襲われつつ立ち尽くしていると、小上がり席にいたヤンチャそうなアンチャンがコップの隣の冷蔵庫を開け、「ここに麦茶が入ってますよ」と教えてくれた。このアンチャンは常連で、ビギナー客が困っていると助け舟を出す役割を担っているようだ。いやぁ、優しいなぁ～。しかし、それはたぶん「なるべくして優しくなった」のだ。親父さんと女将さんの〝優しさオーラ〟にお客が感化された結果として。

厨房から出てきた女将さんがボクの背後の狭い空間を通る際、こちらの肩に両手を置いて、「ごめんなさいね～」と笑いながらすり抜けた。その距離感は〝店と客〟ではなく完全に〝おばあちゃんと孫〟。「ごめんなさいね～」の響きは心地よく、なんか「置かれた手から優しさがチャージされた」みたいな感じだった。おそらく常連客はこうした体験を通じて女将さんの優しさパワーを受けているに違いない。

……あ、優しさ話に気を取られてカツ丼の話を忘れてた。こちらのカツ丼は「複数のひと口カツを煮て卵でとじる」という珍しいタイプで、肉以外の具材はタマネギのみというシンプルさである。とろとろ卵をまとったカツは柔らかで、タレはかなり甘め。カツ丼だけだと「甘すぎるかな」と思ったが、漬物と共に食べると甘辛のバランスが絶妙なのでありました。女将さん、優しさとカツ丼をごちそーさま！

そうそう、熱湯エリアでは〝神がかり的な出会い〟もあったよ。沼津市で「昭和レインボー」なる駄菓子サロンを営むタナカツヨシという人物がいる。沼津が舞台の美少女アニメ『ラブライブ！サンシャイン!!』のブームと自身の趣味（昭和サブカル愛好）をリンクさせ、駅前のシャッター街化に歯止めをかけようとしている地元愛の人だ。このタナカさんに「近所に〝長く続いてる安い中華屋〟はありますか？」と訊《たず》ねたら、「北口に『鷹の家』という店がありますよ」と教えてくれた。しかしネットで調べたら『鷹乃家』で、どっちが正解なんだ？　さらにタナカさんは「そこってどんな店ですか？」との問いに対し、不敵な笑みを浮かべながら、

「昭和三〇年代で時が止まってる店ですよ」

聞いたときは「いくらなんでもそれはオーバーでしょ」と思ったが、訪ねてみたらマジでその通りで驚いた。店の前には出前機つきスーパーカブが停まってて、トロさんが見たら喜びそうだ。ちなみに店名だが、『鷹の家』と『鷹乃家』、二つの看板がかかってて、どっちも正解だった。今回はタナカさんに敬意を表して『鷹の家』で統一する。

この『鷹の家』との出会いこそが、さっき言った〝神がかり的な出会い〟なのだ。

なんと『鷹の家』は、ボクが愛してやまない〝平屋町中華〟だったのである！　はやる心を抑えながら扉を開けると、店内も昭和三〇年代で時が止まっていた。カウンターはなく、四人がけのテーブル席が六つのみだ。空いてるテーブルについてカツ丼を注文してから店内をチェック。本棚を見ると定番のジャンプやマガジンなんかと並んで、なぜか赤瀬川原平《あかせがわげんぺい》や松浦弥太郎《まつうらやたろう》の著書が置かれていた。

やがて来たカツ丼は正当な町中華味（フツーってことね）だったが、添えられた漬物が赤、緑、黄色、白、ピンクとカラフルで、なんかポップアートっぽくて面白かったね。

勘定を払う際それとなく厨房の中へ半身を入れてみたら、ものすごく暑かった。平成三〇年の記録的猛暑は昭和三〇年代で時が止まってる店にも容赦なく押し寄せてくるので、ぜひ厨房にも何らかの空調設備を入れていただきたいところである。東京の『日の出』の例もあるように、町中華というのは「店の要《かなめ》が倒れる＝廃業」となりやすいものだから。たかだか気象現象のせいで貴重な平屋町中華が消えてしまったら、悔やんでも悔やみきれないよ。

熱湯エリアには、この『鷹の家』に匹敵する神がかり店がまだ残されていると思われる。これからもボクはエリア内の探検を続け、東京班に負けない記録を残していくつもりである。

文庫版書き下ろし

町中華の浮かれ男　北尾トロ

本書の親本（単行本）が出版されて二年経つが、ぼくはといえば相変わらず、町中華三昧《ざんまい》な日々を過ごしている。

飽きっぽい性格なのに、町中華に関してはマンネリを感じないのだ。いや、胃袋的には年々キビシくなってはいる。ぼくは今年還暦を迎えた。しかも、もともと食が細く、さっぱり風味が好みだ。それなのに、町中華は〝別腹〟なのか、夏場でも強さマックスのあんかけ類を注文したりしがちだ。

食べきれるものではない。無理してがんばれば、食後の数時間、苦しい思いをする。そうと知っていながら抑えが全然きかないのである。

浮かれてしまうのだと思う。

店に入るまでは冷静に、胃に優しいメニューにしようと考えているが、テーブルについた途端にスイッチが入り、よせばいいのに〝強い、デカい、安い〟の三拍子を求めてしまう。結果はさまざまだ。好みの味にぶち当たってめでたく完食できるのが最高だが、しょっぱすぎ、甘すぎ、こってりしすぎ、などの壁に阻まれ、泣く泣くリタイアすることもある。

だが後悔はしない。町中華の魅力は、店全体の雰囲気や佇《たたず》まいにあるからだ。店主の人柄、客の様子、外観、内装、厨房でのパフォーマンスなど、あらゆるところにたっぷり時間をかけて熟成された味わいがある。そのため、料理はまったく評価できないのに、ここはいい店だと感心することもたびたび起こる。知らない町中華に入る、それは小さな冒険の旅なのだ。

いまネットで「町中華」を検索すると五〇〇万件近くヒットする。多ければいいわけではないけれど、下関マグロと店巡りを始めた二〇一四年当時、「町中華」と口にするたびに説明を求められたことを思えば感慨深いものがある。

「町中華　名店」にすれば全国各地の店舗情報がずらりと出てくる。グルメサイトだけではなく、食べ歩きをしている町中華ファンがブログやSNSで発信した情報もたくさんアップされている。「町中華　閉店」はどうか。そこには惜しまれつつ、あるいはある日突然姿を消した店について、思い入れのある人たちが情感たっぷりのレポートを寄せている。

探検隊のメンバーが少々増えたところで行ける店の数は限られているし、どうしても東京中心の情報になる。関心のひろがりによって、ぼくたちが行くことのできない全国各地の町中華がネット上で共有されていくなんて、素晴らしいことだ。探検隊を作ったのは、消えゆく昭和の食文化を記録するためだったが、町中華というワードが独り歩きすることによって、その目的は果たされつつあると思う。

それらの記事を読んだり、地方都市へ取材に行って感じることは、地域差の小ささだ。戦後、各地にあった闇市で原型がつくられ、ラーメン人気の上昇とともに店舗を構えるようになった町中華は、客が求めるとなれば和食であれ洋食であれ、できることはなんでも取り入れていった。化調の流行にも敏感だったし、出前機が登場したら「それ！」とばかりに導入もした。町中華の得意客は若くて腹ペコな学生や労働者だったから、ややこしい味は好まない。強い、デカい、安い。この三拍子に乗って、町のあちこちに中華の店が乱立していったのである。

味や立地、メニューの幅、値段、店主の人柄。客が求めるものとズレている店は淘《とう》汰《た》され、好みに合う店が勝ち残る。その結果、まぁだいたい似たような感じの店が全国にある状態に落ち着いた。誰かが地元の町中華について書くことを、他の地方在住者が読んでも違和感がないのはそのためだと思われる。それでいて、個人経営が主である町中華は、味も歴史も一軒ずつ違う。書き手にも熱が入り、各地の店情報が、メニューや値段、営業時間の紹介にとどまらない文章を読むことができる。

そんなことはラーメン店でも蕎麦屋《そばや》でも、喫茶店や居酒屋でも起きていることだけれど、町中華には残り時間が少ない。衰退しつつあることをみんなわかっていて、なんというか、大事にしようという機運が高まっているように思うのだ。

もしかすると、この機運は昭和の大衆的な食文化全般に向けられているのかもしれない。知人が言うのだ。

「絶滅危惧種《きぐしゅ》は町中華だけじゃありません。町寿司《まちずし》も危ないです」

高級店と回転寿司に客を取られ、町に点在する普通の寿司屋が苦境に立たされているという。

かと思えば、群馬県の下仁田《しもにた》町や高崎《たかさき》市では、町中華に限定せず、個人経営で後継者のいない飲食店を〝昭和遺産〟としてとらえる動きも始まっている。放っておけば消えてしまうが、それはもったいない。後継者を募って店を存続させ、観光資源にもしてしまおうというおもしろい試みだ。

狙いはなんとなくわかる。昔からやっている個人営業店は、町のオアシスみたいな場所だからだ。物を売買したり、食べたり食べさせることだけじゃなく、地元の情報が集まったり、人々が交流するたまり場になっている。

これ、全国チェーンやショッピングモールでは果たしにくい機能だ。なんてことのない存在だけど、なくなれば町の中にくさびのように打ち込まれたスポットが減ってしまう。情報がまわりにくくなり、交流も薄れてしまう。同じ場所に新しい店ができても、長い間そこに根を張り、何代にもわたるつきあいをしてきた店のようにはいかないのである。

町中華は消えゆく食文化だ。その考えは今も変わらないし、仕方のないことだと思っている。ただ、一気にすべてがなくなるわけではない。後継者のいる店はマイペースで営業を続けていくだろう。いまの時代にフィットした新しいタイプの町中華が旋風を巻き起こす可能性だってある。

二〇一九年の天皇退位、二〇二〇年の東京オリンピック。ふたつの節目を乗り越えた後、町中華はどんなふうに姿を変えていくのだろう。

二〇一四年初頭、ぼくは町中華が絶滅危惧種になりつつあることに驚いた。超高齢化と後継者不足が同時進行すれば、やがて存続の危機を迎えることは明白。いやこれ、どうなっちゃうんだろう。大変だぞ、みんな気づいているんだろうか。いまのうちに記録しておかないと、なくなってからでは取り返しがつかなくなる……。そういう興味や危機感で店を巡るようになった。

それがいまでは町中華のトリコだ。好奇心にかられて探検を始めたぼくは、その活動を通じて、だんだん町中華ファンになっていったのだと思う。これからも体力と胃袋の続くかぎり食べに行き、いい歳して浮かれる男でいたい。

ＫＡＤＯＫＡＷＡの岩橋真実氏から文庫化しませんかと声をかけられたのは、単行本を出版して一年経った頃だった。相場より早いタイミングにもかかわらず、快諾していただいた立東舎に感謝したい。

著者三人と岩橋氏との最初の打ち合わせは、もちろん町中華で行われた。もりもり食べながらゴキゲンで話し合ううち、気づけば、それぞれの原稿末尾に加筆し、さらに巻末に描き下ろし原稿を書くことになっていた。

〝新メニュー〟が追加され、値段も安くなってリニューアルオープン（？）した本書が、アツアツで大盛りの半チャンセットのように、読者の手元に届いたら嬉《うれ》しい。

※本書に掲載されている価格は、全て取材時のものです。
※本書で紹介した町中華は、本文中で説明した通り、いずれもいきなり閉店する可能性があります。予めご了承ください。

本書は、二〇一六年八月に立東舎より刊行された単行本を文庫化したものです。

「振り返って一言」および「文庫書き下ろし」のセクションは本文庫のために書き下ろされました。

町中華《まちちゅうか》とはなんだ

昭和《しょうわ》の味《あじ》を食《た》べに行《い》こう

北尾《きたお》トロ・下関《しものせき》マグロ・竜《りゅう》 超《すすむ》（町中華探検隊《まちちゅうかたんけんたい》）

平成30年 9月25日　初版発行
令和6年 10月30日　4版発行

発行者●山下直久

発行●株式会社KADOKAWA
〒102-8177　東京都千代田区富士見2-13-3
電話　0570-002-301（ナビダイヤル）

角川文庫 21156

印刷所●株式会社KADOKAWA
製本所●株式会社KADOKAWA

表紙画●和田三造

ISBN978-4-04-106449-8　C0195

◆◇◇

角川文庫発刊に際して

角川源義

第二次世界大戦の敗北は、軍事力の敗北であった以上に、私たちの若い文化力の敗退であった。私たちの文化が戦争に対して如何に無力であり、単なるあだ花に過ぎなかったかを、私たちは身を以て体験し痛感した。西洋近代文化の摂取にとって、明治以後八十年の歳月は決して短かすぎたとは言えない。にもかかわらず、近代文化の伝統を確立し、自由な批判と柔軟な良識に富む文化層として自らを形成することに私たちは失敗して来た。そしてこれは、各層への文化の普及滲透を任務とする出版人の責任でもあった。

一九四五年以来、私たちは再び振出しに戻り、第一歩から踏み出すことを余儀なくされた。これは大きな不幸ではあるが、反面、これまでの混沌・未熟・歪曲の中にあった我が国の文化に秩序と確たる基礎を齎らすためには絶好の機会でもある。角川書店は、このような祖国の文化的危機にあたり、微力をも顧みず再建の礎石たるべき抱負と決意とをもって出発したが、ここに創立以来の念願を果すべく角川文庫を発刊する。これまで刊行されたあらゆる全集叢書文庫類の長所と短所とを検討し、古今東西の不朽の典籍を、良心的編集のもとに、廉価に、そして書架にふさわしい美本として、多くのひとびとに提供しようとする。しかし私たちは徒らに百科全書的な知識のジレッタントを作ることを目的とせず、あくまで祖国の文化に秩序と再建への道を示し、この文庫を角川書店の栄ある事業として、今後永久に継続発展せしめ、学芸と教養との殿堂として大成せんことを期したい。多くの読書子の愛情ある忠言と支持とによって、この希望と抱負とを完遂せしめられんことを願う。

一九四九年五月三日

角川文庫ベストセラー

猟師になりたい！　北尾トロ

中年になってから長野県松本に移住した著者が突然猟師になることを決意した！　狩猟免許は？　銃砲所持許可は？　一からスタートの戸惑い、初めての銃、家族の反応……猟師1年目の日々を気負わず綴ったレポ。

猟師になりたい！2　山の近くで愉快にくらす　北尾トロ

猟師2年目。後輩が出来た、狩猟サミットに参加した、ついに自力で獲物が……⁉　そして、1羽も獲れない日だって面白い。猟をしながら出会った人たちが、眠っていた何かを目覚めさせてくれたのだと思う。

大泉エッセイ　僕が綴った16年　大泉洋

大泉洋が1997年から綴った18年分の大人気エッセイ集（本書で2年分を追記）。文庫版では大量書き下ろし（結婚&家族について語る！）。あだち充との対談も収録。大泉節全開、笑って泣ける1冊。

苦手図鑑　北大路公子

居酒屋の店内で迷子になり、電話でカジュアルに300万の借金を申し込まれ、ゴミ分別の複雑さに途方に暮れる。キミコさん（趣味・昼酒）の「苦手」に溢れた日常を無駄に繊細な筆致で描くエッセイ集。

ゼロから始める都市型狩猟採集生活　坂口恭平

東日本大震災を経て「新政府内閣総理大臣」となり『独立国家のつくりかた』を著した坂口恭平。その生き方の思考ベースが詰まった現代人必読の書がついに文庫化。「家」「仕事」「生活」への先入観を覆す一冊。

角川文庫ベストセラー

B級恋愛グルメのすすめ　島本理生

自身や周囲の驚きの恋愛エピソード、思わず頷く男女間のギャップ考察、ラーメンや日本酒への愛、同じ相手との再婚式レポート……出産時のエピソードを文庫書き下ろし。解説は、夫の小説家・佐藤友哉。

蚊がいる　穂村弘

日常の中で感じる他者との感覚のズレ。「ある」のに「ない」ことにされている現実……なぜ、僕はあのとき何も云えなかったのだろう。内気は致命的なのか。共感必至の新感覚エッセイ。カバーデザイン・横尾忠則

33個めの石
傷ついた現代のための哲学　森岡正博

赦し、自殺、「人道的な」戦争、差別と偏見……私たちの日常にある、身を引き裂かれるような痛み。報復の時代におけるかすかな希望とは、「33個めの石」とは。魂のしずくのような、やわらかな哲学エッセイ。

米原万里ベストエッセイI　米原万里

抜群のユーモアと毒舌で愛された著者の多彩なエッセイから選りすぐる初のベスト集。ロシア語通訳時代の悲喜こもごもや下ネタで笑わせつつ、政治の堕落ぶりを一刀両断。読者を愉しませる天才・米原ワールド!

完全版
社会人大学人見知り学部
卒業見込　若林正恭

単行本未収録連載100ページ以上! 雑誌「ダ・ヴィンチ」読者支持第1位となったオードリー若林の社会人シリーズ、完全版となって文庫化! 彼が抱える社会との違和感、自意識との戦いの行方は……?